U0583508

吉林通志

八

[清]長順訥欽修
[清]李桂林顧雲纂

吉林通志卷五十九

職官志二 前代表

遼

	東北統部	蕃府方州官	屬國部族官
太祖天顯元年	耶律迪里字兀里軫六院部蒲古只夷离菫之後是年從伐渤海拔扶餘城留迪里與伊德實守之 伊德實見前		
穆宗應歷初年	耶律蘇色祥州都總管		

景宗初年	聖宗統和間	十八年	聖宗開泰間	八年 年
	耶律鐸珍 字敵輦積慶宮八東北詳衮	蕭柳 北女直詳衮		耶律獨迭 東北路詳衮
耶律賢適 字阿古眞于越魯不古之子遥授甯江州節度使 張琚 黃龍府都監 雅爾丕勒 黃龍府衛將			大康乂 知黃龍府善撫綏東部懷附	

太平中		耶律布勒圖字燕隱六院林牙突呂不也四世孫彰聖軍節度使	
二年	耶律博諾字提隱太祖弟蘇之四世孫是年城鴨淥江博諾守之在鎮有治績		
六年	黃翩是年爲兵馬都部署達庫濟副之霍實爲都監引兵城混同蘇默河之間		
興宗重熙初年			耶律仙童五國節度使 耶律圖丹字胡獨堇涅喇部節度使

年			
中年			塔鴉兒 女直太師
十五年	耶律吉遜 字盈隱，永興宮分人，是年爲東北路詳穩 達嚕鳴 字遵甯，韓德讓弟德威之孫，是年爲東北路詳穩，封混同江郡王		
十六年		耶律和尚 字特抹，系出季父房，是年懷化軍節度使	
十七年道宗時	耶律珠展 東北路詳穩 蕭道拉 字綏蘭，約尼温汗宮人，再爲東北路統軍使		

清甯初年		耶律合里只懷化軍節度使
二年		耶律仙童知黃龍府事
六年	高家努東北路女直詳穩	蕭特古斯字何甯褚特部人知黃龍府事
七年	耶律哈爾吉字特們六院額爾奇木巴古濟之後是年爲東北路詳穩	耶律阿勒札知黃龍府事
咸雍二年	耶律韓福努東北路詳穩	
三年	果八東北路詳穩	蕭特古斯知黃龍府事
七年		蒲延知黃龍府事 高元紀懷化軍節度使

	太康初年	中年	三年	八年	大安初年
	蕭頁嚕字和爾沁五部院人遷東北路統軍都監		蕭罕嘉努東北路統軍使		
大榮甯江州防禦使以上據遼史		時立愛字昌壽涿州新城人泰州幕官同知春州事			
				鍾鼐黄龍府女直部長卒屬內附予官	孩里字胡輦回鶻人達魯噶部節度使以上據遼史

年			
十年	耶律實嚕 東北路統軍使		
壽隆四年		耶律特默 季父房之後知黃龍府	
天祚乾統中年	蕭揚阿克 字稍隱權知東北路統軍使事	耶律適祿 字撒懶泰州觀察	
二年	蕭道拉 是年復爲東北路統軍使		
天慶元年	蕭兀納 六院部人東北路統軍使	蕭兀納 知黃龍府以上據金史	
四年	蕭托卜嘉 是年爲東北路統軍副使 按蕭奉先傳托不也先爲統軍使軍敗乃爲副耳		

蕭嗣先 是年爲東北路都統以上據遼史

耶律斡離朶 淶流河路都統

耶律甯 黃龍府路都統

蘇壽吉 淶流河路副都統

耿欽 黃龍府路副都統以上據契丹國志並北盟會編

蕭伊實 字特默國舅少父房之後是年爲行軍副都統七年兼東北路都統十年兼東北路統軍使據遼史

保大三年

金

伊里使 達嚕噶部節度使 據金史

國初時

統部官

都統總管等官

節鎮防禦等使

上京路諸府官

萬戶明安穆昆等官

布爾噶蘇 國初授海蘭烏珠明安世襲親管穆昆

薩噶爾瑪 國初授克隆安府路哈濟穆昆多科阿

林明
安
世
阿古岱
爲
和倫水
部長
國
德克德
初
襲和倫穆
昆傳言
年二十餘
襲爻穆昆
年四十七
天輔七年
卒故知爲
國初也
太
賓古納祖
時授上京
世襲明安

	太祖收國二年	天輔二年	三年
	烏楞古咸州路都統	闍格咸州路都統 棟摩咸州路副統	
	布爾噶蘇是年為海蘭路都統史傳言從太祖伐遼有功授職伐遼在甲午故繫此		呼嚕古錫聲海蘭甸貝勒
			完顏宗亨會甯府少尹
羅索太祖時為黃龍府萬戶	府		

四年	五年	六年	太宗天會初年
	博勒和泰州都統	完顏忠扎蘭路達貝勒傳繫於二年傳言太祖入燕忠乃有此授考之本紀入燕在六年故改繫於此	
盧彥倫權上京留守事			
			烏蘇呼爾喀愛呼水穆昆

元年	三年
實古納上京路軍帥	博勒和上京路軍帥按此與前博勒和非一人
	毛子廉臨潢長泰
傳言五年八年而無紀年之號以下文有皇統二年事知當在天會初年	

吉林通志卷五十九　七

	八年	熙宗天會十五年	天眷初年
		通吉義哈斯罕人德呼勒部節度使	盧彥倫臨潢人利涉軍節度使
人上京副留守		劉麟上京路轉運使傳言天會中年故繫於此	高楨遼渤海人同簽
	和尼羅索子襲哈濟明安黄龍府路萬戶		

元年	二年	皇統元年
		完顏晏是年咸平尹
	博碩泰州都統博勒和子泰州副都統	
完顏奭會甯牧後爲上京留守	圖克坦恭會甯牧 完顏鄂博庫上京女直史傳言天眷時故附此	費摩達是年會甯牧
	完顏思敬襲扎蘭路萬戸授世襲謀昆	

二年	三年	四年
珠勒根穆都哩肇州防禦使扶餘路節度使 實圖美累遷肇州防禦使		
	完顏宗敏是年會甯牧	
珠勒根穆都哩伊埒圖乣詳衮世襲音達琿河穆昆		和尼濟州路萬戶 默音和尼弟是

	七年	九年
		布薩歡塔利涉軍節度使 沈璋奉聖州永興八利涉軍節度使傳言皇統中年故繫此
	珠勒根彥忠哈斯罕人會甯府少尹進同知會甯府事	完顏兖是年會甯牧 唐古辨是年會甯牧
年親管沃濟明安權濟州路萬戶		布薩歡塔襲濟州和卓海蘭明安舍哩斡實穆昆

吉林通志卷五十九

海陵王天德初年	元年	二年
完顏宗賢海蘭路兵馬都總管		完顏薩哈海蘭
赫舍哩呼喇同知濟州防禦使		
富察思恭會甯牧 完顏正嘉會甯尹		完顏薩哈同知
完顏昂授上京路移里閔斡魯琿河世襲明安	完顏仲羅索子攝濟州路萬戶 完顏薩哈泰州路萬戶領尼楚赫等明安	

年					
		路都總管 蕭旺嘉努奚人 烏爾古德哷勒招討都監		會甯尹	
四年					完顏威赫康宗子上京路哲爾袞明安
貞元初年	布薩歡塔咸平尹			完顏晏上京留守 傳言貞元間故繫此	
元年			通吉義利涉軍節度使		

二年	三年	正隆五年
	烏雅呼爾喀同知海蘭路總管	
富珠哩呵 斐罕黃龍府路萬戶令史		瓜里咸平府穆昆 薩巴海陵時爲泰州路顏河世襲穆昆轉明安

六年	世宗大定初年
完顏宗敘咸平尹	
完顏宗敘咸平尹兼本路兵馬都總管	
烏色瑪奇子德哷勒部族節度使府傳言薩巴反遇害知在正隆末故繫於此 烏哩庫泰州節度使	延扎富察泰州司吏 白彥敬呼爾喀節度使
高國勝同知會寧	
移喇溫濟州行軍萬戶	

吉林通志卷五十九　二

元年

完顏烏岱咸平路總管
諾延溫都烏達咸平尹
完顏烏哩雅咸平府少尹

烏凌阿富勒呼
烏爾古德防禦
將勒招討使
使
圖克坦克寧海蘭路兵馬都總管
諾延溫都烏

烏庫哩德升肇州防禦使
伊喇鄂爾多肇州防禦使
唐古烏延肇州
圖克坦克寧呼爾哈路節度副使
瑪納利涉軍節度判官

完顏守貞上京留守

烏庫哩芬徹海蘭路押軍萬戶
烏凌阿薩拉濟州路押軍萬戶

二年

達北邊行軍都統

尼瑪哈楚呼

東北路招討使

完顏宗甯

會甯押軍萬戶

阿嚕岱

濟州路押軍萬戶

烏克遜阿里布

泰州押軍明安

完顏宗甯

阿里罕孫

會甯府路押軍萬戶隆州路和

	三年	四年	五年
			內族襄東北路招討都監移海蘭路兵馬都
		烏雅呼爾喀呼爾哈節度使	
	圖克坦鎰上京留守		
屯明安羅里茂世襲穆昆唐括德溫按春明安			

	六年	七年	八年
總管傳言宋八乞盟乃有此授考本紀與宋和在五年故繫之			
	烏淩阿楚呼利涉軍節度副使	富察通肇州防禦使	
			完顏宗尹扶餘路屯河明安並親管穆昆

九年	十二年	十九年
瓜爾佳扎拉 東北路招討使		
	布薩歡塔利涉 軍節度使	
		五十六烏雅呼爾喀子世襲海蘭路博多和穆昆祿格延扎們都子海蘭烏珠明安都掄和辰明安

年					
二十一年					圖克坦薩哈海蘭烏克斯明安
二十三年	伊拉通咸平尹				
二十四年				富察通上京留守	完顏吾侃朮特思敬孫蘇伯路寶鄰山明安
二十五年	完顏宗甯知咸平尹			完顏宗甯同簽上京大宗正事	
二十六年				納塔謀嘉上京	

	二十八年	二十九年	
			伊拉子敬 遼五院部人知咸平尹傳言大定中故繫此；伊剌諳達 遼橫……
			伊剌諳達 東北路招討使傳言大定中故繫此
			內族襄 率賓路節度使；赫舍哩 扶餘路節度使
提刑司書史	鈕祜祿阿特 上京留守	完顏承暉 咸平路提刑副使同知上京留守事	完顏烏哩雅 上京留守；烏庫哩仲温 簽上京按察司使事
			諾延温都 謙思忠子襲濟州明安傳言大定中故繫此

帳人攝咸平路屯軍都統

以上二人傳言大定中故繫於此

烏哲庫　呼爾哈節度使

烏古論和尙　利涉軍節度副使

完顏宗甯　利涉軍節度使

諾延溫都謙　利涉軍節度使

完顏愛實　同知率賓路節度使

孟奎　遼陽人上京路提刑判官

古雲　上京留守

完顏特爾格　率賓路海蘭哈達明安襲年無考傳言丞相襄開府北京特爾格爲先鋒事在明昌二年故附於大定之後

以上據金史

章宗明昌元年

瓜爾佳清臣　是年充東北路兵馬都統制使

田瑴　利涉軍節度使　內族襄以上八人傳言大定中故繫於此

温都布拉呼爾　咎節度使　史不詳其年以正隆伐宋後歷此官知在世宗朝

	三年	四年	五年	六年
完顏安國東北路副招討使	烏淩阿復東平人海蘭路兵馬都總管			
		赫舍哩執中肇州防禦使	瓜爾佳錫爾格泰州防禦判官	完顏齊利涉軍節度使
				完顏齊上京留守

年					
七年	完顏承暉知咸平尹 傳言明昌中故繫於此	裕爾伯特北京路八東北路招討副使 傳言明昌初年故繫此	烏克遜温屯同知率賓路節度使 完顏宗浩利涉軍節度使 傳言明昌初年故繫此		
承安初年				鈕祜祿阿特勒上京留守	
二年				瓜爾佳衡上京留守	

三年	五年	泰和二年	七年
	裕爾伯特東北路招討使		完顏承裕東北路招討副使傳言泰和
		完顏薩布呼爾咍路節度使	
圖克坦鎰上京留守泰和四年咸平府			楊雲翼平定樂平人僉上京按察司事 劉昂興州人上京留守判官傳言泰和初年

	衛紹王大安初年	崇慶元年
中故繫此 瓜爾佳守中 同知海蘭路兵馬都總管 烏淩阿奇珠 扶餘路節度使 布薩端 中都路八東北路招討副使以上二人傳言章宗時故繫此		鄂屯襄 上京兵馬使
故繫此	烏克遜溫屯 同知上京留守事	

至寧元年	宣宗貞祐初年	二年
完顏承裕咸平府路兵馬都總管	烏陵阿奇珠同知咸平府事	
	鄂屯襄率賓路節度使	赫舍哩德眞定路人肇州防禦使
	鄂屯襄同知上京留守事	完顏承充上京宣撫使 蒲希萬努上京宣撫使 富察伊喇圖隆安府治中知隆安府事

	三年	興定元年
	完顏特爾格東北路招討使	
	高閭山澄州人扶餘路節度使傳言宣宗時故繫於此以上據金史	
同知上京留守事貞祐三年上京路宣撫使	富察烏錦上京行省傳言貞祐中故繫此	富察伊喇都上京宣撫使

中年

梁持勝絳州人咸平路宣撫司經歷官以上據金史

海努同知宣撫使

瓜爾佳請達上京副留守

溫特赫老爾同知上京留守事

梁持勝上京行省左右司員外郎以上據金

	元	世祖中統二年
都元帥	耶律瑠格六年聚眾於隆安自爲都元帥遣使來附八年自立爲遼王十年來朝以其子實沙入侍 烏頁爾沙卜珠氏十三年充北京東京廣寧蓋州平州泰州開元府七路征行兵馬都元帥佩虎符	
宣撫宣慰使		賈文備祁州蒲陰人授開元府路女直碩達勒達等處宣撫使
萬戶府		

年			
至元五年		努都爾噶保爾濟四世孫奉使宣撫碩達勒達之地	
八年	國王特訥克行尚書省於北京遼東等路		
十八年		達春蒙古扎拉爾氏授開元路宣慰使	
三十年		劉哈喇巴圖爾河東人授肇州宣慰使	
成宗元貞元年			阿薩爾遼陽行省左丞是年兼領肇州屯田萬戶府事

武宗至大問

順帝元統二年

哈喇烏蘇拉濟氏佩金虎符兼直東女直萬戶府達勒達嚕噶齊

碩達勒達嚕噶齊爲總管高麗女直漢軍萬戶府達嚕噶齊

騰吉斯

吉遜甯夏人授碩達勒達屯田總管府達嚕噶齊年次無考以上據元史

吉林通志卷六十

職官志三　國朝

將軍一員

駐防則受治於將軍而以達於兵部專城統其同城駐防官以飭旗務吉林一人會典三十六初制正一品乾隆三十二年改爲從一品會典事例四百二十七掌鎮守吉林烏拉等處地方綏和軍民秩祀山川輯甯邊境順治十年始設昂邦章京於甯古塔以鎮其地康熙元年改昂邦章京爲鎮守甯古塔等處將軍十五年以甯古塔將軍移駐吉林乾隆二十二年改爲吉林將軍

歷代職官表四十八

甯古塔將軍員缺由八旗滿洲蒙古副都統及本處副都統列名題補會典順治年間定駐防滿洲將軍員缺將八旗滿洲蒙古副都統及本駐防副都統開列題補康熙二十三年議准滿洲將軍員缺將滿洲任漢軍副都統者一併開列乾隆三十九年奏准各省將軍缺出將八旗滿洲蒙古副都統滿洲補授漢軍副都統及本處滿洲副都統滿洲補授外省提督職名開列具題會典事例四百四十一

我

朝定制於各省分設八旗駐防官兵以將軍副都統爲之董轄雖所司繁簡略異而職任無殊惟盛京吉林黑龍江將軍俱以
肇邦重地俾之作鎮統治軍民綏徠邊境其政務較繁而委任亦最爲隆鉅核其職掌蓋即前代留守之比與各省將軍之但膺閫寄者不同洪惟我
國家肇造大東誕受方國爰於
盛京等處分置節帥率師鎮守兵防周密條畫詳明其諸部落舉族內附者久已編甲入戶同於氓隸而沿邊以外歸化入貢則有若甯古塔東北東南之奇雅

喀喇班吉爾漢喀喇赫哲喀喇費雅喀奇勒爾等近者千五六百里遠者四五千里直至於大東海皆歲獻土物以時遣官頒賜遠至邇安廣輪有截豐水詒謀夐軼萬古矣歷代職官表四十八

吉林副都統一員

副都統各守分地以贊將軍之治歷代職官表四十八正二品會典三十七　順治十年甯古塔設梅勒章京二人康熙元年改梅勒章京二人爲副都統十年以甯古塔副都統一人移駐吉林十五年以吉林副都統移駐甯古塔吉林增設副都統一人三十一年以吉林副都統

移駐伯都訥雍正三年吉林設副都統一人會典事例四百二十九

謹案吉林副都統自康熙三十一年以後缺裁者三十三年雍正三年復設遂至今爲永制

順治初年定駐防滿洲副都統員缺將滿洲驍騎參領本處協領各城守尉開列題補乾隆五年議准駐防滿洲副都統員缺將在京記名參領等官各按本翼開列十八如八旗公額每翼開列十八均附疏以進又議准駐防滿洲蒙古協領引

見記名者遇有駐防滿洲副都統員缺除將俸深應陞之

人照例開列外其記名協領別列名單附疏以進七年議准滿洲副都統員缺將各處三品總管並滿洲任總兵者一併論俸開列附疏以進恭候調補會典事例

四百四十一　二十七年

諭盛京吉林黑龍江等處向因風俗醕樸地方甯謐是以三省旗員皆放本處之人即副都統城守尉大員亦有簡放本處者據今看來大非昔比犯人偷蔆拒捕種種不法皆由該管官員平日互相徇縱不能約束所致該處大員之缺若仍放本處之人彼此迴護頽俗斷難整飭嗣後遇有東三省副都統城守尉缺出或由京師遣往或由別省調

補著交該部臨時將在京及各省應放應調人員開列職名請旨著爲例東華續錄二十

協領八員蒙古旗協領一員

凡吉林駐防之地自將軍所治外其所居各處皆設兵駐守置協領參領佐領防禦等官各視兵數多寡定額有差以掌巡防譏察之事歷代職官表四十八初制正三品後改爲從三品會典事例四百二十七康熙十年吉林設協領八人雍正十年吉林設協領二人乾隆五年以吉林協領二人移往打牲烏拉地方會典事例四百二十九自是吉林協領遂以八員爲永制鑲黃旗正白旗鑲白旗

正藍旗爲左翼協領各一正黄旗正紅旗鑲紅旗鑲藍旗爲右翼協領各一册兵司三十年增設蒙古協領一人事例按吉林外紀是年編巴爾虎錫伯人等入蒙古旗添設蒙古協領一員

乾隆二十七年

諭各省將軍大臣將城守尉協領等員已滿三年曾經引見同任後又逾六年者將城守尉是否堪勝副都統協領是否堪勝城守尉抑或副都統之處俱令分晰明白出具考語送部引見候朕選用永著爲例三十九年奏准各省駐防協領吉林等處火器營參領等六年任滿並無事故者各該大臣等秉公考察出具考語咨送兵部帶

領引

見恭候

欽定記名遇有陞用之處除將俸深之員照例開列外將

記名之員另行繕摺隨本進呈四十三年

諭嗣後擬補協領佐領防禦等官俱著擬定正陪送部轉咨

該旗帶領引見朕將擬正之人補放其擬陪之人可否記

名之處臨時再降諭旨嘉慶十年定各省駐防年滿協領

送部引

見如有奉

旨交兵部記名者由兵部將記名協領職名隨時知照軍

機處會典事例四百四十二是年又奏准各處駐防滿營事宜俱應協領辦理責任綦重若遽以世職初任人員補用恐未能勝任應請將輕車都尉減等先補佐領俟試看一二年後如果辦事好能勝協領之任遇有協領缺出仍准該管大臣酌量陞用騎都尉以佐領補用雲騎尉以防禦補用恩騎尉以驍騎校補用至甫經當差之年幼世職不能辦事之員不准揀選保送其吉林等處如有未經設立防禦地方遇佐領缺出例有由驍騎校內揀選補放雲騎尉係五品世職比驍騎校品秩尚崇自應准其與驍騎校一體揀選補

放會典事例四百四十一

佐領四十八員

正四品會典三十七　康熙十年以甯古塔佐領驍騎校各十一人移駐吉林十六年吉林增設佐領驍騎校各二十六人二十九年吉林增設佐領驍騎校各七人分吉林佐領驍騎校各二十一人移駐黑龍江三十一年吉林增設佐領驍騎校各六人又設錫伯佐領驍騎校各十六人巴爾虎佐領驍騎校各八人三十八年吉林增設佐領驍騎校各一人以錫伯佐領驍騎校各十六人移駐

京師雍正四年改巴爾虎佐領驍騎校各一人爲漢軍佐領驍騎校六年以吉林佐領驍騎校各二人移駐伊通十年吉林增設佐領驍騎校各十人乾隆元年增設佐領驍騎校各八人五年以吉林佐領驍騎校各十人移往打牲烏拉地方會典事例四百二十九

右八旗公中佐領十六員世管佐領二十二員陳漢軍佐領二員蒙古旗巴爾虎佐領六員世管佐領二員共四十八員驍騎校同

盛京通志驍騎校數與此同而佐領作五十五員又通考載康熙三十一年設巴爾虎佐領八員雍正四

年止裁一員均與會典小異書缺有閒蓋無可考矣

防禦二十二人兵司冊

正五品會典三十七　康熙十年吉林設防禦八人文獻通考作十員二十三年吉林增設防禦十五人二十年吉林增設防禦四人分駐巴延鄂佛羅伊通赫爾蘇布爾圖庫蘇巴爾漢四邊門文獻通考作撥四員分駐四邊門　二十九年吉林增設防禦十四人分十三人移駐黑龍江雍正十年吉林增設防禦八人乾隆五年以吉林防禦八人移往打牲烏拉地方會典事例四百二十九　嘉慶二十三年裁正

白正紅兩旗防禦各一員移往雙城堡吉林改設佐

領吉林外紀

謹案

盛京通志作防禦二十四員與此不同蓋移往雙城之

防禦二在修志之後也

驍騎校四十八員

正六品會典設裁見上佐領

堂主事一員兵司册

正六品康熙十三年設乾隆二十年增設刑司主事一

員嘉慶十三年裁刑司主事并裁九品筆帖式二員

吉林外紀同治三年增設刑司主稿郎中一員幫稿主事一員掌印郎中一員光緒八年裁郎中等官改設吉林分巡道摺檔

凡吉林將軍衙門管檔主事以筆帖式倉官驛站官陞

凡吉林將軍衙門檔房主事爲題缺倉官驛站同小京官陞轉

凡調缺吉林將軍衙門筆帖式一缺由本處於考取之筆帖式內送部引見補用以上會典六

乾隆二年議准吉林將軍衙門掌案主事一員理刑司主事一員俱由在京六部堂官各遴選筆帖式一人保送由吏部帶領引
見補授不准調補京職五十三年奏准吉林將軍衙門主事一員應歸於本處人員內較俸升用嘉慶十一年議定吉林將軍衙門主事一缺由該將軍將本處應陞人員擬定正陪送部帶領引
見補授其理刑司主事一缺由刑部理藩院於筆帖式內不分滿洲蒙古詳加揀選辦事諳練熟悉刑名之人各保一員帶領引

見補授扣滿五年與在京主事等官及理事同知通判一體較俸陞轉不准其調補京缺如有漢軍人員補授者五年期滿報部註册歸於在京漢主事班內以在京漢員外郎陞用會典事例四十三十二年奏准吉林主事缺如由漢軍人員補授五年期滿該將軍保送到部歸於雙單月與在京漢軍堂主事一體較俸俟各部漢軍主事陞用員外郎六缺之後准其陞用一人仍積漢軍堂主事之缺事例十七三同治三年奏准吉林仿照熱河設立刑司之例由刑部揀發正途出身漢郎中或員外郎一員派刑司主稿科甲出身主事一員

派刑司幫稿漢郎中一員派刑司掌印專理刑名所有通省案件均交刑司覆核轉咨兵司册

銀庫主事一員

盛京銀庫郎中管理東三省一應錢糧及庫貯帑項見會典事例四十三其專設吉林銀庫主事始於何年今無可考

筆帖式十四員

初設滿洲筆帖式六員繙譯筆帖式四員皇朝通典今定置堂主事筆帖式二員銀庫筆帖式二員戶司二員兵司二員刑司四員工司二員兵司册

謹案兵司册筆帖式十四員見於官書者十員其四員於何年增設及四司何時分隸今無可考

康熙五十三年題准甯古塔將軍衙門筆帖式由將軍副都統選取本處應用之八坐名補授咨部註册

乾隆五年奏准吉林等處筆帖式其由領催及驍騎校選補者仍食原錢糧由閒散選補者給與九品筆帖式錢糧不准與在京筆帖式一同陞轉仍由該將軍照向例陞用事例三十四

三十三年奏准各省將軍副都統衙門筆帖式三年俸滿該管大臣出具考語遇有驍騎校缺出即行送部帶領引

見三十八年奏准各省筆帖式內如有行走勤慎辦事好者三年期滿先行出具考語咨部註册遇有驍騎校缺出與兵丁一體揀選補放若其時並無應放之缺食俸六年者停其送部俟得缺時再行送部（事例四百四十三）

同治五年奏定吉林省庫添設主事一員食俸食米九品筆帖式二員伯都訥阿勒楚喀銀庫添設食俸食米九品筆帖式各一員俾專責成除伯都訥阿勒楚喀等衙門各於所屬委筆帖式內揀案辦理外所有吉林堂主事缺出由本省倉站助教有品級筆帖式各官內仍照例擬定正陪咨送吏部帶領引

見候
旨簡放並擬俟同省四年任滿後仍再咨部註册以京缺員外郎銓選其有願改武者卽爲援照倉站助教官改武之例驗看馬步出具考語以佐領防禦過三缺後酌量補用其餘新添九品筆帖式均仍循照成案以次陞補 摺檔
蒙古繙譯筆帖式一員
初設一員乾隆二年增設一員十三年裁汰一員
乾隆二年奏准吉林將軍衙門理刑司增設筆帖式一人令該將軍於本處應補人員內遴選通曉漢文

能繙譯者送部引

見補授四年奏准吉林理刑司增設之筆帖式准其與在京各處筆帖式一例陞轉由本處考試選補如本處無考試繙譯之人令該將軍行文

盛京兵部將考試繙譯人員內挨名指補送部引

見補授十三年奏准船廠將軍衙門理刑司所辦事件較前減少將繙譯筆帖式二員裁汰一員仍留一員會典

事例三十四

承辦俄務筆帖式一員

光緒六年設

水師營總管一員

四品官二員

五品官二員

六品官四員

筆帖式一員幫辦委筆帖式一員

東三省水師別爲營將軍轄焉會典三十六總管正三品兵司冊康熙三年設十三年移駐黑龍江於本處另設

四品五品官各二員十六年增設六品官二員文獻通考通典會典事例八旗通志光緒十四年復設總管一員添設

六品官二員兵司冊

康熙年間定四品管水手官由該將軍於五品管水手官內擬補五品管水手官於六品管水手官內擬補六品管水手官於領催馬甲內擬補給咨送部由部行文八旗漢軍都統選擬陪一人一同引見補授乾隆七年奏准四品官由漢軍都統於步軍尉雲騎尉及五品廕生內擬陪五品官於驍騎校及六品廕生內擬陪六品官於七品八品廕監生及領催馬甲內擬陪與本處所送擬正之人一同引見補授四十三年議准補放五品以上管水手官員俱由該處於年終彙題會典事例八百五十四同治八年奏吉林水

師營擬請仿照黑龍江添設營務筆帖式成案添設辦理船務無品級筆帖式一員幫辦委筆帖式一員應由該營領催正丁貼書內公同揀選委筆帖式其無品級筆帖式補用後開其底缺隨時咨部如由貢監生員補授照例分別辦理仍准與該營領催一體選驗六品官摺檔

鳥槍營參領一員

佐領八員

驍騎校八員

吉林火器別爲營將軍轄焉會典三十六　參領從三品十三

七 乾隆元年設會典事例四百二十九 皇朝文獻通考作雍正十一年設二十八年佐領改由陳漢軍驍騎校内選放四十三年參領改由陳新漢軍佐領内選放佐領由陳新漢軍驍騎校内選放吉林外紀

吉林黑龍江等處火器營參領六年任滿並無事故者該將軍秉公考察出具考語咨送兵部再加考驗帶領引

見恭候

欽定記名遇有開缺陞用之處除將俸滿之員照例開列外將記名之員另行繕摺隨本進呈會典事例四百二十九

督理總站官二員

驛站隨關防筆帖式二員

西路各驛站筆帖式二十四員

北路各驛站筆帖式二十三員

康熙三年設總站官一員二十五年增一員吉林外紀三

初制正六品後裁會典事例四百二十七

乾隆四年議准甯古塔驛站官三員由該將軍於本處倉官筆帖式內每一缺遴選二人擬定正陪出具考語咨部引見由倉官八品筆帖式補授者授爲七品由未入流筆帖

式補授者授爲八品六年任滿該將軍出具考語咨部註册七品官以京城主事等員缺陞選八人後陞用一人八品官以京城正從七品小京官員缺陞用六人後陞用一人會典事例四十三五十四年奏准甯古塔驛站官改爲四年期滿陞選仍照舊例會典事例三十二又議准甯古塔黑龍江驛站官均改爲四年任滿年滿後仍照例分別陞用至八品筆帖式授爲七品等官年滿陞選時如有無力移産不能來京情願改補本處武職員缺者准其照倉官之例咨行兵部辦理會典事例四十三

原設兩路臺站筆帖式十六員甯古塔臺站筆帖式三員皇朝通典七十

倉官一員

筆帖式二員

倉官康熙三十一年設筆帖式未詳吉林外紀三

凡吉林倉官四年期滿陞在京滿字堂主事等六項驛站官四年期滿七品者陞在京滿字堂主事等六項八品者陞在京正從七品小京官會典六

原定奉天黑龍江甯古塔等處倉官員缺由將軍副都統五部堂官於各本處八九品未入流筆帖式內

每一缺遴選二人擬定正陪出具考語咨部引見補授會典事例四十三

雍正十三年議准

盛京等處倉官三年期滿咨部註册歸於雙月遇有各項小京官員缺於應陞人員計積三缺之後陞用一人會典事例三十二 乾隆六年奏准倉官由漢軍人員補放者三年期滿該堂官保題到部歸於雙月遇各司漢主事缺出入漢軍班次之內俟漢軍俸深陞用一人之後將倉官陞用一人會典事例三十八 八年議准由筆帖式遴選補授倉官其筆帖式原缺不行開選任滿保

題到部歸於單月遇有本處應陞之主事將本處人員陞用三人後陞用一人開選筆帖式原缺若係尋常之員期滿咨部註册仍回筆帖式原任其陞用照

雍正十三年定例二十九年

諭今日引見黑龍江倉屯等官已將擬正之旺布等補用其擬陪人員若仍發回該省遇缺再行送部此等微員往來跋涉未免資斧維艱所有擬陪之拄岱等著加恩照東三省驍騎校之例俱令記名遇缺咨補不必再送引見嗣後各處倉屯等官均照此例行以示體恤會典事例三十七

四十三

年奏准甯古塔等處倉官與年滿驛站官通較年滿

日期先後遇在京部院主事等官缺出不論雙單月
除不積缺外陞選八缺之後陞用一人如係尋常之
員出具考語註册後俱歸於雙月遇有各項小京官
缺出俟應陞人員陞用三缺之後陞用一人五十四
年奏准吉林所屬驛站官二員助教二員六年俸滿
倉官六員三年任滿未能均平請照黑龍江所屬官
員之例作爲四年之限查吉林倉站等官與黑龍江
倉站等官年滿後陞轉相同其改就武職亦事同一
例黑龍江官員既經議准定爲四年限滿而吉林倉
站等官自應一體酌改四年任滿以歸畫一會典事例三十

二 嘉慶十二年定黑龍江甯古塔倉官漢軍人員單

月遇

盛京刑部堂主事並大理寺寺丞缺出與各項議敘人

員較奉

旨日期先後陞用一人雙月遇有漢軍主事缺出入於漢

軍班次之內俟漢軍俸深陞用一員之後將倉官陞

用一員尋常供職之員仍照雍正十三年乾隆八年

舊例如情願在本處候陞者准其入於本處俸册內

以本處應陞之缺陞用其有無力移產不能來京情

願守候本處武職員缺者與豫保領催等一併咨送

兵部帶領引

見侯奉

旨記名後以本處驍騎校員缺令該將軍酌量與記名之

領催一併陞補會典事例四十三

左右翼滿助教二員

康熙二十三年設吉林外紀三

雍正二年議准甯古塔助教由該將軍於本處八九

品筆帖式內擬定正陪咨部引

見補授六年任滿該將軍出具考語具題到部由八品筆

帖式補授者以京城主事等官用由九品筆帖式補

授者以京城正從七品小京官用乾隆五十九年奏准甯古塔助教等缺均改爲四年之限年滿後仍照舊例分别陞用嘉慶十二年定甯古塔助教二缺由該將軍於本處有品級無品級筆帖式内擬定正陪咨部引

見補授四年任滿該將軍出具考語具題到部由八品筆帖式補授者以京城主事等官用無品級筆帖式補授者以京城正從七品小京官用俱歸於雙月提陞五缺之後較年滿日期先後陞用一人其有無力移産來京者准其以本處武職改用咨送兵部辦理會典

事例四
十三

白山書院漢教習二員

同治八年設 兵司册

同治八年奏准添設甯古塔滿教習一員伯都訥一員三姓一員阿勒楚喀一員雙城堡一員烏拉總管衙門一員均以通省各該處實缺無品級筆帖式內揀其精通清文清語兼精騎射漢文之人考拔咨部補授永遠作爲定額不開底缺吉林省城擬添設漢文教習一員由將軍衙門五司當差水手營正丁貼書內揀其漢文優長方正古格之人揀補咨部以上

所添滿漢教習共七缺統俟年滿改武時再行給咨

送部引

見光緒七年奏吉林省漢官學原有教習一員再添委教習二員仍由署內當差水手營正丁貼書及該管生員考委將來原設教習缺出即由添委教習內揀補兩翼滿官學原設助教官二員每翼各添委滿教習三名均由各旗擇其品格端方滿文優長者揀用每翼仍由各旗揀委武教習二名專司教練騎射所有兩翼文武委教習三年內如果訓迪有方請以各該

應陞之缺拔補兵司册

獄官二員

醫官二員

烏拉城

協領一員

佐領八員

防禦四員

驍騎校八員

筆帖式二員

助教一員

乾隆五年以吉林協領二八佐領驍騎校各十八防

禦八人移往打牲烏拉地方二十五年以打牲烏拉佐領驍騎校各二人移往甯古塔三十年打牲烏拉裁協領一人移往甯古塔防禦四人會典事例四百二十九嘉慶二十三年移往雙城堡驍騎校一人吉林外紀同治六年增設六品虛銜驍騎校一員筆帖式舊設二人年分無考光緒元年增設助教一人兵司冊

同治六年奏烏拉協領衙門向設辦事無品級筆帖式二員教習一員均不開甲缺仍在兵額設遇倉站官學等缺出並不得列選原設驍騎校八員於嘉慶二十四年撥雙城堡驍騎校一員該旗至今仍缺所

有無品級筆帖式二員請仿照所屬各衙門無品級筆帖式定章開除兵缺仍食原餉增食祿米歸於通省無品級筆帖式內一體挑選倉站助教等缺以昭畫一教習一員仍案吉林通省各城教習定章俟五年後如有成效以驍騎校一體陞用所空驍騎校一員請仿雙城堡委驍騎校之例添委咨部六品虛銜驍騎校一員仍由該翼領催內揀選摺檔

雙城堡

協領一員

佐領八員

防禦二員
驍騎校八員
筆帖式八員
助教一員
嘉慶十九年設委協領一員委佐領二員委驍騎校二員二十三年自吉林移駐防禦改設佐領二員自奉天義州移駐佐領二員自烏拉三姓移駐驍騎校各一員自奉天復州移駐驍騎校二員是年委協領委佐領委驍騎校各員均改爲實缺吉林外紀咸豐元年裁協領改設副都統銜總管一員佐領委協領二員

光緒八年裁副都統銜總管一員委協領二員改設協領一員增設委佐領委驍騎校各一員委防禦二員十四年均改爲實缺筆帖式二員原設年分未詳

助教一員光緒元年設兵司册

五常堡

協領一員

佐領二員

防禦二員

驍騎校四員

筆帖式三員

助教一員

同治八年奏五常堡添設協領一員佐領二員防禦二員驍騎校四員無品級筆帖式三員均請作爲公缺由通省所屬滿蒙漢人員內照依舊例以次拔補

摺 檔 助教一員光緒元年設 兵司 冊

伊通

佐領二員

防禦二員

驍騎校四員

雍正六年以吉林佐領二人驍騎校二人開元防禦

二人驍騎校二一人移駐伊通會典事例四百二十九

領穆赫索羅

佐領一員

防禦一員

驍騎校一員

乾隆三年設同上

伊通邊門

防禦一員

巴彦鄂佛羅邊門

防禦一員

赫爾蘇邊門
防禦一員
佈爾圖庫邊門
防禦一員
康熙二十年吉林增設防禦四人分駐巴彥鄂佛羅伊通赫爾蘇佈爾圖庫蘇巴爾罕四邊門防禦各一人同上
四邊門筆帖式各一員
康熙二十年設吉林外紀三
甯古塔城

副都統一員

順治十年甯古塔設梅勒章京二人康熙元年改甯古塔梅勒章京二人爲副都統十年以甯古塔副都統一人移駐吉林十五年以吉林副都統移駐甯古塔會典事例四百二十九

乾隆三十九年奏准吉林所屬各副都統內甯古塔副都統三姓副都統員缺緊要遇有進京等事該將軍將事簡之副都統派出一員前往署理其餘副都統公出仍照例令本處協領署理同上

協領二員

康熙七年設

佐領十二員

防禦八員

驍騎校十二員

順治十年設佐領驍騎校各八人十三年設防禦四人十八年增設佐領驍騎校各十人防禦二人康熙三年增設佐領驍騎校各一人十年以佐領驍騎校各十一人移駐吉林十七年增設佐領驍騎校各三人二十九年分佐領四人防禦一人驍騎校四人移駐黑龍江五十二年增設佐領防禦驍騎校各三人

乾隆二十五年打牲烏拉移來佐領驍騎校各二人三十年打牲烏拉移來防禦四人上同道光六年以防禦四員移往拉林吉林外紀三

康熙十七年覆准各姓新滿洲累世輸誠進貢復自本土遷於寧古塔烏拉地方與舊滿洲官兵一體效力者分別率衆遷移先後給與世職

寧古塔新滿洲編設佐領補授時令調取引見驍騎校止照咨送補授不必來京驗看

凡漢軍驍騎校寧古塔匠役驍騎校員缺由內外領催甲兵補授

謹案

皇朝文獻通考有委驍騎校二十二人通典通考會典事例皆不載

筆帖式七員

原設左司二員右司二員吉林外紀光緒六年增設兵司册

一員管理俄務十五年增設二員辦印務處事兵司册

倉官一員

筆帖式二員

康熙三十五年設倉官一人筆帖式年分未詳外紀三

助教一員

同治八年設（兵司册）奏案見前吉林下

伯都訥城

副都統一員

康熙三十一年以吉林副都統移駐伯都訥

協領二員

康熙三十一年設協領二八三十四年增設協領六人四十年裁協領六八（會典事例四百二十九）

佐領十二員

防禦八員

驍騎校十二員

筆帖式十員

康熙三十一年設防禦八人佐領驍騎校各四十八

盛京舊志注席北佐領二十員瓜爾查佐領十員三十八年裁佐領驍騎校

各四十八四十年設佐領盛京舊志作蒙古佐領驍騎校各二

人五十二年增設佐領驍騎校各十人同上筆帖式原

設四員外紀三光緒十七年增設二員其十七年以前

增設四員年分未詳

倉官一員

筆帖式二員

康熙三十四年設吉林外紀三

助教一員

同治八年設兵司册

三姓城

副都統一員

雍正十年三姓地方設副都統一人會典事例四百二十九

協領二員

康熙五十三年三姓地方設協領一人雍正五年設

副協領一人十年增設協領一人裁副協領一人同上

乾隆五年

諭補授三姓協領由京城參領內將應陞對品級之人議定

揀選引見

佐領十六員

防禦八員

驍騎校十六員

康熙五十三年三姓地方設佐領防禦驍騎校各四人雍正十年增設佐領驍騎校各十六人防禦十二人乾隆二十一年移往拉林佐領五人防禦八人驍騎校五人事例四百二十九　嘉慶二十三年移往雙城堡驍騎校一員外紀三　同治十一年增設佐領一員驍騎校二員兵司冊

筆帖式七員

原設二人雍正十年增設二人吉林外紀光緒六年增設

一人十六年增設二人兵司册

倉官一員

筆帖式二員

乾隆四年設吉林外紀三

助教一員

同治八年設兵司册

醫官一員

富克錦

協領一員

佐領四員

防禦二員

驍騎校四員

筆帖式二員

皆光緒八年設歸三姓副都統兼轄兵司冊

阿勒楚喀城

副都統一員

乾隆九年拉林設副都統一人二十一年阿勒楚喀

地方添設副都統一人與拉林分爲二城阿勒楚喀

副都統管轄協領一人佐領七人防禦五人驍騎校

六人三十四年拉林副都統裁汰其地方歸併阿勒

楚喀兼管會典事例四百二十九

協領二員

佐領八員

防禦九員

驍騎校八員

乾隆二十一年令副都統管轄協領一人佐領七人

防禦五人驍騎校六人同上是年增設委協領二人委

佐領委驍騎校各五人皇朝文獻通考三十四年由拉林

移來防禦四人三十九年移往拉林防禦一人會典事例

光緒八年改委協領一人爲實缺協領改委佐領一人委驍騎校二人爲實缺佐領驍騎校兵司冊

筆帖式七員

乾隆二十一年自拉林移來二人三十四年移來二人四十四年移來二人嘉慶二十五年增設二人外紀三嗣裁去一人年分無考

倉官一員

筆帖式二員

乾隆二十一年設吉林外紀三

助教一員

同治八年設兵司册

醫官一員

拉林城

協領一員

雍正三年拉林設協領一人副協領一人乾隆元年裁副協領一人九年設副都統一人增設協領一人二十一年與阿勒楚喀分爲二城拉林副都統管轄協領一人佐領六人防禦五人驍騎校七人三十四年拉林副都統裁汰其地方歸阿勒楚喀副都統兼

管令協領一人駐劄該處會典事例四百二十九

佐領八員

防禦五員

驍騎校八員

雍正三年拉林設佐領五人防禦二人驍騎校五人十年增設佐領驍騎校各三人乾隆二十一年由三姓移來佐領五人防禦八人驍騎校五人是年分城以佐領七人防禦五人驍騎校六人歸阿勒楚喀管轄三十四年移往阿勒楚喀防禦四人三十九年自阿勒楚喀移來防禦一人同上道光六年自甯古塔移

來防禦四人吉林外紀光緒八年增設佐領二人驍騎校一人兵司册

筆帖式無

雍正三年設二員乾隆九年增設二人二十一年增設二人是年移往阿勒楚喀三十四年移往二人四十四年移往二人拉林缺裁吉林外紀

倉官一員

筆帖式二員

乾隆九年設吉林外紀三

助教一員

光緒元年設兵司册

琿春城

副都統一員

康熙五十三年琿春設協領一人雍正五年設副協領一人乾隆元年裁副協領一人會典事例四百二十九同治元年奏加副都統銜光緒七年改設副都統至十年

奏加

欽差幫辦吉林邊防字樣

協領二員

光緒七年設協領一人並設委協領一人十二年改

委協領爲實缺協領兵司冊

佐領八員

防禦四員

驍騎校八員

康熙五十三年設佐領三人防禦二人驍騎校三人

會典事例四百二十三　同治元年增設佐領三人防禦委佐領

二人驍騎校五人光緒十二年改委佐領二人爲實

缺佐領兵司冊

筆帖式五員

同治九年設四人光緒六年增設管理俄務筆帖式

一人兵司
冊

助教一員

光緒元年設

打牲烏拉城

總管一員

順治十八年設正五品總管一人康熙三十七年奉

旨定爲正三品

四品左右翼領二員

五品左右翼領四員

左右翼領一翼四旗分管採珠捕魚冊
報

國初設六品翼領二人盛京舊志作順治十四年此從會典康熙三十七年定爲正五品乾隆五十六年奉

旨五品翼領改爲四品增設五品虛銜委署翼領二人嘉慶四年打牲烏拉總管奏准增設六品虛銜委署翼領二人會典事例九百十八

驍騎校十五員七品驍騎校七員

管理採珠捕魚八旗各一員兩翼各一員四路界五官屯各一員册報

康熙三十八年設驍騎校七人雍正六年設副驍騎校七人乾隆二十四年議准打牲烏拉原設驍騎校

七人副驍騎校七人不敷差委再增設驍騎校四人副驍騎校四人五十六年增設六品虛銜委署驍騎校二人嘉慶四年增設六品虛銜委署驍騎校二人

筆帖式七員

國初設筆帖式一人順治十年增設一人康熙三十六年增設二人雍正三年增設三人

七品章京四員

嘉慶四年打牲烏拉總管奏准該處委署章京八人內增設六品虛銜章京四人

倉官一員

筆帖式二員

乾隆二十七年議准打牲烏拉筆帖式七人內改爲倉官一人效力人內授爲委署筆帖式二人專理倉務

教習一員

同治九年設（報册）

打牲之部有打牲烏拉人編以珠軒（雍正五年奏准每珠軒不得過三十丁若有餘丁報府增設珠軒乾隆三十三年議准打牲烏拉現有六十五珠軒即作爲定額永不再設每珠軒三十名如缺出隨時於幼丁內挑補隔三年比丁一次）兼轄以吉林將軍隸內務府（會典三十六）

雍正七年奏准打牲烏拉總管員缺於在京四五品文武官內遴選引
見補授翼領員缺一於在京六品文武官內選擬正陪一由該總管保送驍騎校二人擬定正陪均引
見補授筆帖式員缺該總管於所屬人員內遴選咨報都虞司呈准補用十三年奏
旨打牲烏拉總管員缺於總管穆克登族人內遴補又奏准翼領員缺均於該處人員內遴補乾隆十三年奏
旨打牲烏拉採人漫事繁總管一人不能辦理交吉林將軍兼辦十六年覆准打牲烏拉城周百四十七里由該總管

歲委官八人領催八人分四路巡查如有私採人蔘者查拏懲治並令吉林將軍協同稽查嘉慶七年議准嗣後打牲烏拉驍騎校缺出著該總管會同吉林將軍秉公於會經引見補放六品虛銜委署驍騎校六品虛銜章京內按次揀補咨內務府年終具奏會典事例九百十八

打牲烏拉原設職官類附於後

國初設鐵匠一名順治十年三旗各設領催一名撥給內務府弓匠一名康熙三十七年議准三十三珠軒內每珠軒設頭目副頭目各一人三十八年議准總

管給壯丁三名翼領驍騎校各二名筆帖式領催珠軒頭目弓匠鐵匠各一名均免差徭不在珠軒額雍正五年設值年侍衛一人值年員外郎一人均一年一換舊志盛京六年設委署領催十一名乾隆四十四年吉林將軍奏准打牲烏拉官員缺少增設委官十人五十六年奉

旨打牲烏拉人丁生齒衆繁差使亦多雖設有錢糧二千八百餘分伊等當差度日不無拮据著施恩再添每月各食一兩錢糧一千分俾伊等生計得臻饒裕不必另添差使即與現當差者一同當差至人多官少管轄不能周到著

將五品翼領改爲四品於驍騎校内增設五品虚銜委署翼領二人副驍騎校筆帖式内增設六品虚銜委署驍騎校二人領催珠軒頭目執事人内增設委官二人嘉慶四年打牲烏拉總管奏准該處驍騎校九人内增設五品虚銜委署翼領二人副驍騎校筆帖式内增設六品虚銜委署驍騎校二人領催珠軒頭目執事人内增設委官二人委署章京八人内增設六品虚銜章京四人以資差委會典事例九百十八

謹案烏拉總管各官設自國初專司採捕諸役本繫内務府乾隆十三年以打牲

烏拉城在吉林境内兼轄於吉林將軍載在

皇朝文獻通考會典諸書可考而知也烏拉協領各官設

於乾隆五年係爲分防起見均由吉林移駐與總

管所治截然不同故會典事例吉林駐防卷内備

記烏拉協領各官設裁始末而打牲烏拉員役別

自爲卷分晰最明今從其例附於各城之後詳載

初制以訖於今其原設各官爲今册所不具者何

時裁汰蓋不可考亦依事例幷錄之備參稽焉

學政一人

康熙二年設奉天府丞一人會典事例八百二十三掌

盛京吉林學校之政令按歲試科試文武生童各取中以其額會典五十九吉林旗民文武生童均赴奉天寄棚考試同治七年將軍富明阿始奏請奉天府丞按臨吉林開棚考試奉

旨允行故吉林之有學政自是年始焉據摺檔

謹案會典事例雍正四年吉林設州治一曰永吉今吉林府縣治二曰長甯今伯都訥城曰泰甯今甯古塔城均繫奉天府故吉林旗民向均赴奉天考試雖各缺旋即裁汰而附考之制則歷久相沿自同治七年奏准分棚學臣始案歲試科試兩臨其地是吉林之

有學政自是年始故職官之題名亦自是年始焉

分巡道一員

光緒八年設管轄吉伯阿等處兩府四廳政務殷繁責任綦重作爲衝繁疲難近邊要缺

是年將軍銘安奏准仿照

盛京添設驛巡道一員統轄各屬地方事務擬請在吉省添設首道一缺名曰分巡吉伯阿等處地方道由正途出身人員不論滿漢請

旨簡放既有提綱挈領之人自無叢脞廢弛之弊下可藉資表率上亦有所責成所屬一切政務均可由其承

轉即省垣詞訟盜案各局事亦可歸其總司嗣後無
論旗民案件府廳審定後均解省垣由該道覆核審
轉以昭慎重其原設刑司部員見前堂主事無所事事即
請裁撤飭令回京當差十四年將軍希元奏經部議
比照熱河道之例將道員一缺專用旗員係屬因地
制宜其於治理有裨自應准如所請惟查熱河道一
缺三年俸滿應由直隸於現任道員內揀選旗員互
調吉林道員祇有一缺無可揀調與熱河又屬不同
仍應分別核辦相應奏明請
旨准將吉林分巡道一缺作爲衝繁疲難近邊最要之缺

查照熱河道之例專用旗員定爲三年俸滿由該將
軍秉公察看如果稱職堪膺保薦卽出具切實考語
將該員開缺送部引
見恭候
欽定作爲俸滿候陞至所請隨缺加按察使銜之處查定
例熱河道幷直隸口北道山西歸綏道等缺均無加
銜現在旣經比照熱河道之例辦理自應勿庸加銜
以歸一律從之摺檔
吉林府
知府一員

雍正四年設永吉州知州一員乾隆二年增設理事通判一員州同一員十二年裁永吉州改設寧古塔理事同知一員裁州同缺改設伯都訥廳巡檢二十八年裁通判一員會典事例二十四二十五光緒八年理事同知改陞知府道署官册

乾隆十二年

諭據寧古塔將軍阿蘭泰奏稱永吉一州設在吉林烏拉係寧古塔將軍所轄地方該州向隸奉天府一應辦理旗民事務多至掣肘著照所請永吉州改設理事同知管理二

十八年

諭外省知府向爲正四品而巡道各視兼銜爲差等則有三四五品之不同今道員既裁去兼銜統爲正四品知府乃其所屬自應量爲區別著將各省知府改爲從四品又議准吉林地方向設理事同知通判各一人凡旗民案件俱係同知辦理查通判並無專司事務裁通判一人例二十四以上會典事光緒六年將軍銘安奏准吉林廳理事同知一缺陞爲府治改設知府名曰吉林府仿照熱河承德府奉天昌圖府之例仍管地面詞訟錢糧各事新設之伊通州歸其統屬并將原設巡檢一缺升爲府經歷管司獄事教諭一缺升爲府教授以符

體制又吉林廳理事同知本係中缺今擬陞為吉林
府知府管轄一州並自理地面各事政務既繁責任
尤重應請定為繁疲難題調要缺遇有缺出俱准陞
調兼行由將軍等酌量具題如無合例堪以陞調之
員准於候補並揀發委用人員內不論滿漢揀員題
補三年俸滿著有成效由將軍等出具考語送部引
見候
旨簡用經歷一缺雖無地方之責而監獄尤關緊要請於
通省候補揀發人員內酌量補用三年俸滿應准保
題陞用摺檔

教授一員

雍正十二年議准永吉州長甯縣向俱隸奉天府學查永吉州去府八百餘里長甯較永吉更遠添設永吉州學正一員帶管長甯縣學會典事例二十一 光緒八年改陞教授道署官册

乾隆四十年議准嗣後奉天教職及吉林學正缺出准其於

盛京禮部左右翼官學教習期滿以教職用之員照二等舉人及候補八員之例有情願自效者赴府尹衙門呈明聽該府尹委用先儘二等舉人並各項候補

教職再委教習期滿以教職用之員補缺先後仍用

伊等應用班次銓補會典事例三十五

經歷管司獄事一員正八品

原設吏目一員乾隆十二年裁吏目缺改設巡檢一

員會典事例二十四光緒八年改陞經歷道署官冊

伊通州

知州一員從五品

嘉慶十九年設吉林廳分防巡檢一員吉林外紀光緒八

年設州治置知州歸吉林府統轄改巡檢爲伊通州

吏目道署官冊

光緒六年奏准請在伊通設立知州一員名曰伊通州該處舊有吉林分防巡檢一員改爲吏目管理伊通監獄添設訓導一員振興學校磨盤山分防巡檢一員歸伊通州統屬其新設知州請加理事同知銜該州地係通衢事務繁重應請定爲衝繁難題調近邊要缺遇有缺出俱准陞調兼行如無合例堪以陞調之員准於候補及揀發委用人員内不論滿漢揀員題補三年俸滿著有成效由將軍等出具考語保薦以應陞之缺陞用磨盤山巡檢一缺分司巡緝並理詞訟管獄吏目一缺雖無地方之責而監獄尤關

緊要均作爲要缺請於通省候補揀發人員內酌量補用三年俸滿應准保題陞用（摺檔）

訓導一員

光緒八年設

吏目管司獄事一員（注見上）

外委一員

光緒六年又定新設雙城廳伊通州兩處地廣民頑盜風未息若專恃皁役人等捕緝察訪未周難期得力必須於該處設立弁勇非特可以認眞拶捕並可以鎮壓地方第奉天前設捕盜營馬兵分撥調遣爲

數太多吉省經費不敷礙難照辦除吉林府駐守省垣伯都訥長春兩廳設立多年均無庸添設弁勇外擬在雙城伊通州每處揀派外委一員募練步勇五十名均由該通判知州自行管帶各廳縣議設外委倣此摺檔

磨盤山分防州同一員從六品

外委一員

光緒八年設巡檢一員未經委員試署十四年改升州同又設外委一員道署官册

十三年將軍希元奏臣蒞任時正值磨盤山放荒初

竣居户甚稀未經委員試署近來雖荒地開墾無多而居民漸聚派員查勘僉稱該處地面遼闊將來荒地日闢烟户日稠斷非原設巡檢所能鎮撫又以山深林密盜賊出没無常非有駐紮隊勇常川巡緝不足安良善而除强暴本年春間委員復勘並稱該處與奉天海龍廳朝陽鎮等處接壤後日必成通衢儼然兩省門户將來荒地墾齊農末相資財用自足賦稅所入足供一州一邑開支似應改設州縣等語竊查圍荒周圍不下五百餘里幾與内省一府地面相埒原奏請設巡檢誠難控制若以將來富庶可期預

設州縣是以未然之景象作已然之設施亦非所宜
當經飭據吉林道議覆亦言地大官小難望其措置
裕如土瘠民貧又未便劃疆分治擬請裁撤原設巡
檢改設州同一員名曰磨盤山州同仍歸伊通州管
轄除命盜正案及錢糧租賦仍照舊章歸伊通州辦
理外其該處界內之戸婚田土詞訟等案准其就近
審理以期便民至該州同一缺擬請作為要缺遇有
缺出於通省人員揀選調補或由候補並揀發人員
內酌量咨補三年俸滿如無違礙處分即行出具考
語咨部開缺以應陞之缺陞用未陞以前仍以原官

補用其無原官可補者無庸開缺令其在任候升又查吉林捕盜營惟廳州縣有之以州同管帶營勇似與向章未符然以圍荒之大專恃衙役緝捕難期得力未可拘泥成例貽悮地方擬揀派外委一員募練步勇五十名由該州同自行管帶揩檔

敦化縣

知縣一員

訓導一員

巡檢管司獄事一員

外委一員

光緒七年設歸吉林府統轄是年並設南岡縣丞一員十一年裁縣丞缺其地劃歸琿春管轄道署官册

光緒六年奏准阿克敦城設立知縣一員名曰敦化縣巡檢一員訓導一員外委一員分設縣丞一員歸敦化縣統屬至額穆赫索羅地方既距吉林府寫遠自應准如所請亦劃歸敦化縣管轄其新設敦化縣一缺有自理地方之責任重事繁作爲疲難中缺按照奉天中簡州縣各缺定例歸部揀補如該省有應補人員亦准其扣留由外以候補委用兩項人員相間輪補並准加理事通判銜三年俸滿准照奉天變

通吏治章程辦理如果著有成效令該將軍等詳加考察出具切實考語具題咨部入於陞班內陞用仍在任候陞十二年定管獄巡檢雖無地方之責而監獄尤關緊要應作爲要缺遇有缺出於通省人員內揀選調補或由候補並揀發人員內酌量咨補三年俸滿如無違礙處分卽出具切實考語咨部開缺以應陞之缺陞用未陞以前仍以原官補用其無原官可補者毋庸開缺令其在任候陞摺檔

長春府

知府一員

嘉慶五年設果爾羅斯須知冊果作郭理事通判一員駐長春堡道光五年移駐寬城會典事例並須知冊光緒八年改設撫民通判十五年改陞知府道署官冊

教授一員

光緒八年設訓導一員十四年改陞教授道署官冊

經歷管司獄事一員

原設巡檢一員會典事例二十三光緒十五年改陞經歷

分防照磨一員從九品

光緒八年設駐農安城十四年移駐靠山屯十六年移駐朱家城子道署官冊

嘉慶五年議准收取租息應照土默特旗之例令蒙古地主自向民人收取毋庸官爲經徵長春堡界內居住之蒙古仍應聽其照舊居住新設通判等官只令彈壓及審斷詞訟等事具奏奉

旨軍機大臣會同吏部等衙門議覆吉林將軍秀林奏郭爾羅斯地方民人開墾地畝各事宜一摺蒙古遊牧處所例不准內地民人踰界前往開墾惟因蒙古招民墾種事閱多年相安已久且蒙古每年得收租銀於生計亦有裨益是以仍令其照舊納租此係朕爲體恤蒙古起見乃秀林奏請照吉林民人之例一體納租大屬非是今中外一家

普天莫非王土但蒙古向來遊牧之地既許內地民人墾種若復官爲徵收竟似利其租入豈朕愛養蒙古之意令軍機大臣等議令設官彈壓不令經徵並不准照吉林地丁收租所議甚是至秀林奏將長春堡界內居住蒙古等另擇善地移出一節該處本係蒙古遊牧之所豈有轉令遷徙之理秀林不曉事體傳旨申飭仍令查照軍機大臣所議再行查勘酌定租數俾蒙古民人兩有裨益以副朕一視同仁至意光緒十四年奏准原設通判所駐之寬城

爲吉林赴奉天通衢實省城西北門戸擬請將通判一缺陞爲府治改設知府名曰長春府仍仿照吉林

府之例自理地面命盜詞訟各事而於寬城正北相距一百二十餘里之農安城分設縣治名曰農安縣歸府統屬至靠山屯一處雖已劃歸農安而相距尚在百里以外近來煙戶較密擬請將農安原設分防照磨移設該屯以資巡緝惟長春既改府治應請將原設訓導改陞教授巡檢改陞經歷兼司獄事農安縣添設訓導巡檢各一員以專責成至所屬地租向歸郭爾羅斯公自行設櫃官為督催而已查該廳撫民通判本係衝繁難題調要缺今陞為長春府管轄一縣並自理地面各事宜政務愈繁雖不徵收錢糧

而蒙民雜處治理不易應請作爲繁疲難近邊要缺遇有缺出請照吉林府章程俱准陞調兼行其添設之農安縣界連蒙古地廣民疲請作爲疲難中缺照歸部揀補例如本省有應補人員亦准其扣留由外以候補委用即用三項人員相間輪補並准照敦化縣章程加理事通判銜俸滿保題入於陞班內陞用仍在任候陞經歷照磨幷農安巡檢均請作爲要缺教授訓導作爲經制之缺摺檔

農安縣

知縣一員

訓導一員

巡檢管司獄事一員

外委一員

光緒十五年設歸長春府管轄初設分防照磨駐農安城十四年移照磨於靠山屯改設農安縣治道署官册

伯都訥廳

同知一員正五品

雍正四年設長寗縣知縣一員典史一員乾隆元年裁併歸永吉州二年設州同一員十二年裁州同改設巡檢一員會典事例二十四八百二十三二十六年裁巡檢缺改

設辦理蒙古事務委署主事一員盛京通志嘉慶十五年裁汰主事改設理事同知一員添設巡檢二員分駐伯都訥孤榆樹會典事例四十六吉林外紀會典事例孤榆樹作榆樹屯光緒三年廳署移駐孤榆樹八年改理事同知為撫民同知道署官冊

嘉慶十五年將軍賽沖阿奏伯都訥舊為長甯縣治設有知縣等官後因民數無多改設巡檢管理自乾隆二十六年前任將軍恆祿以該處與蒙古相近蒙古事繁民人事簡將巡檢裁汰另設委署蒙古主事一員管理蒙古事務民人歸於伯都訥副都統衙門

兼理一切刑錢事務均由將軍衙門覆核奏咨迄今五十餘年生齒日衆事務倍繁更兼近年以來外省流來攜眷民人數千餘戶在彼私墾地畝先來者經前任將軍秀林等據實具奏仰蒙

聖主天恩免其驅逐留於該處居住耕種與陳民一體完納丁糧續來者雖經查出因恐該流民等與原籍親族聲氣相通聞知留養甚易遂行接踵而來是以尚未奏報臣現在清查辦理統計新舊民人已及萬戶應徵丁地錢糧二萬餘兩實非從前民數無多之可比自應仍舊設立專員以資治理而專責成十六年將

軍賽沖阿奏稱前因查辦流民地畝詣見伯都訥地廣民稠糧賦訟獄繁多情形與吉林無異奏請將原設理藩院委署主事裁撤改爲理事同知駐劄本城專管地方刑錢及旗民交涉事務並請添設巡檢管理監獄捕務分駐孤榆樹屯彈壓私採開荒等事仰蒙

敕部議覆奉

旨依議欽此先後准部咨行在案茲查新選伯都訥本城巡檢及分駐孤榆樹屯巡檢尚未到任新選理事同知慶臣已於春閒抵省請

須關防印信均未發到臣已飭該同知遵照部議將添設書役刑仵建造衙署事宜查照吉林建設成案分別核詳臣再行逐款詳議咨報各部候覆辦理所有該員等應行管理章程核實擬議分款繕錄清單恭呈
一向來該處刑錢事件係伯都訥副都統衙門兼理仍咨報將軍衙門核定奏咨命盜及徒流以上各案咨解吉林審擬分别奏咨兹添設理事同知一員專管刑錢嗣後旗民交涉事件同知會同旗界驗報蒙民交涉事件同知會同蒙古筆帖式驗報其單民事件該同知自行驗報命案及徒流以上各案俱令申

報副都統衙門招解將軍衙門審定奏咨至命盜案件疏防職名與旗界官員查取開參並送以專職守

一地丁錢糧及雜稅銀兩向係徵存伯都訥副都統衙門以備俸餉茲添設理事同知應令專管徵催新陳地丁錢糧及雜稅銀兩解交副都統衙門查收除耗羨項下給領養廉工食外均同正銀撥抵俸餉仍咨報將軍衙門查核如錢糧及有額雜稅催徵不足照例分別分數核參無額之稅儘徵儘解如查出以多報少情弊立即題參以昭愼重

一伯都訥本城巡檢管理監獄捕務附城五十里內

外民人煙戶應令協同稽查孤榆樹屯巡檢距城三百餘里該屯軍民雜處應令彈壓私採開荒如有失察盜竊及私開官荒等事照例分別查參仍令該同知先爲分界以免推卸

一流民影射私開皆因借名冒戶而起必須嚴定門牌之法令戶民挨戶書寫分別男女大小若干名清列於牌懸之門內每年農隙之時將應增應減名數報明同知更換該界巡檢届時稽察查有借冒情弊除將該戶民分別辦理外所有該屯牌頭一併嚴處仍令該同知於公出之便隨時抽查以杜詭冒均於

年終咨部查考

光緒八年奏准理事同知本係中缺今擬改爲撫民同知加理事銜該廳所管地面俱係邊地要區蒙民兼理應請定爲繁疲難題調近邊要缺遇有缺出准其升調兼行管司獄及分防巡檢二缺原係部選之缺均准作爲要缺遇有缺出於通省人員內揀選調補或於候補及揀發人員內酌量咨補節錄摺檔

訓導一員

雍正十二年設永吉州學正帶管長甯縣學會典事例二十

巡檢管司獄事一員

分防新城巡檢一員

嘉慶十五年設吉林外紀光緒三年因廳署移駐孤榆樹

故將孤榆樹分防巡檢改作巡檢管司獄事新城巡

檢改爲分防道署官册

賓州廳

同知一員

教諭一員正八品

巡檢管司獄事一員

分防螞蜒河巡檢一員

外委一員

光緒六年奏准阿勒楚喀地方距省五百餘里距三姓六百餘里爲東北最要咽喉查有葦子溝實爲全境適中之地於此設立同知衙署及巡檢捕衙實足以資治理至螞蜒河地方既已就地安官亦應同歸此缺同知管轄第該處東西二百餘里南北長一百五六十里界面遼闊誠恐同知兼顧難周應請添設屬官以輔其治擬倣照伯都訥同知駐孤榆樹屯例即請在葦子溝設立撫民同知一員名曰賓州廳教諭一員巡檢管司獄事一員螞蜒河之燒鍋甸子分

設巡檢一員該處地方遼闊東南東北屬界均係通衢政務殷繁責任尤重請定爲衝繁難題調要缺遇有缺出准其陞調兼行司獄及分防巡檢均作爲要缺遇有缺出歸部銓選若吉省有合例之員亦准扣留照例按班序補摺檔

五常廳

同知一員

教諭一員

巡檢管司獄事一員

山河屯經歷一員

分防蘭彩橋巡檢一員

外委一員

光緒六年奏准查五常堡地方距省五百里爲東南衝要之地迆南三十里至歡喜嶺爲五常山河屯適中之區西北地勢高闊可以建立城池又迆南六十里至山河屯該處商賈輻輳且西北地頗曠朗堪以建造有司衙署綜覈堡界東西寬百餘里南北長二百餘里惟東南一隅長及四五百里地方窵遠現在莠民雖震於兵威不敢公然出犯而深山密林潛蹤伏匿伺閒劫掠仍所不免地方官吏誠有鞭長莫及

之勢今擬在歡喜嶺山河屯二處設立正佐各官蘭彩橋小山子亦當衝要宜分設汛官駐紮巡緝以資鎮撫前請在五常堡設立州治仿照熱河章程以同知管知州事詳核派員覆勘情形既稱歡喜嶺係堡界適中之所該堡原有協領一員自無庸再在該處設立民官亦無庸作爲州治即請在歡喜嶺設立撫民同知一員名曰五常廳添設教諭一員巡檢管司獄事一員山河屯分設經歷一員蘭彩橋既係扼要之區再設分防巡檢一員均歸五常廳統屬其新設撫民同知一缺兼轄分防兩處地廣民疲治理不易

請定爲繁疲難題調奏補要缺加理事銜遇有缺出
准陞調兼行巡檢管司獄事與山河屯分防經歷均
作爲要缺蘭彩橋巡檢作爲部選之缺摺檔

雙城廳

通判一員

訓導一員

巡檢管司獄事一員

分防拉林巡檢一員

外委一員

光緒七年奏准雙城堡在省城東北四百八十里本

屬拉林舊地自嘉慶年間移撥京旗設立村屯劃歸堡屬者東西相距一百三十里南北相距七十里四面仍拉林界現在堡城商賈雲集戶口繁多較拉林爲盛自應在該處堡城内添設民官以資撫輯拉林但設分防以資佐治惟地界則當併拉林所屬統歸雙城管轄方覺整齊雙城居拉林之適中爲省北之屏幛形勢宏敞庶務殷繁堪以設立廳治第東南距拉林一隅有遠在百里以外者尚恐鞭長莫及兼顧難周應請於拉林地方設立分防衙署以資佐理前請在雙城堡拉林地方添設撫民通判等官弁擬將

雙城堡總管裁撤改設協領一員仰蒙
俞允在案既據派員覆勘亟須添設民官以資治理請仍
照前奏在雙城堡設立撫民通判一員名曰雙城廳
另設訓導一員巡檢管司獄事一員拉林分防巡檢
一員歸雙城廳統屬其原設總管一缺即請改設協
領一員專司緝捕及一切旗務除雙城拉林土稅一
項照新設賓州五常各廳均歸旗署徵解之例仍由
雙城拉林旗署徵解外其餘一切租稅均歸新設民
官徵收詞訟命盜案件均歸民官審理以一事權其
添設雙城廳撫民通判請加理事銜該廳兼轄拉林

地廣民疲復有自理地方之責應請定爲繁疲難中缺遇有缺出歸部揀補如本省有應補人員亦准由外扣留以候補委用人員奏補管司獄及分防巡檢均作爲中缺摺檔

吉林原設各官

巡察甯古塔御史

雍正元年甯古塔黑龍江並設値年御史盛京通志三十九

於科道內由都察院帶領引見簡派事例七百七十一一年而更在甯古塔者滿漢各一員七年裁甯古塔漢御史缺乾隆十二年定例

盛京等處巡察官員每屆三年該衙門將應否差員之
處請
旨四十年奉
上諭嗣後巡察盛京吉林黑龍江著於五年奏派一次著爲
令志三十九嘉慶四年議准巡察 盛京通
盛京吉林黑龍江等三省御史停止差遣嗣後五年屆
期由
盛京將軍開列五部侍郎名單奏請
盛京吉林兩省
簡派一員黑龍江

簡派一員各帶所屬司員隨同查察將各處所管兵馬倉
庫事宜據實陳奏會典事例七百七十一
筆帖式
初任巡察御史傅色訥奏准帶筆帖式一員繙譯稿
案嗣添員外郎二名專司繙譯每年隨帶筆帖式停
其派往
管採取樺皮六品官
康熙三十年設一人三十一年裁會典事例 盛京舊志
泰甯縣知縣等官
雍正四年於吉林設永吉州於甯古塔設泰甯縣於

伯都訥設長寧縣俱隸奉天府會典事例八百二十三七年省泰寧裁知縣典史等官二十七又裁教諭一人二十一乾隆二年省長寧縣歸併永吉州裁知縣等官二十八十二年裁永吉州缺改設理事同知裁原設吏目改設所屬巡檢一人裁原設州同改設伯都訥廳巡檢一人二十四盛京通志同

謹案雍正四年吉林設一州兩縣七年至乾隆十二年次第奉裁然吉林伯都訥旋置民官雖名稱歷有改更而踵事加崇實相沿襲惟泰寧縣不復建設乃爲永遠奉裁故今列原設各官據以標目

而永吉州長甯縣僅志其緣起於此不更列其所

裁之缺焉

理刑司郎中員外郎主事各官

乾隆二年設刑司主事一人嘉慶十二年裁幷裁九

品筆帖式二人吉林外紀同治三年設刑司主稿郎中一

人幫稿主事一人掌印郎中一人光緒八年裁郎中

等官改設吉林分巡道檔冊

吉林通志卷六十一

職官志四 國朝表一

將軍

	沿革	姓名	事實
順治十年	甯古塔設昂邦章京	沙爾虎達	滿洲鑲藍旗人是年以昂邦章京駐防甯古塔
十六年		巴海	沙爾虎達子是年代其父昂邦章京任
康熙元年	改昂邦章京爲甯古塔將軍		
十五年	移甯古塔將軍於吉林仍稱甯古塔將軍		

	八旗通志大臣表列傳作四年改爲鎮守甯古塔將軍二十二年移駐烏拉		
二十二年		殷圖	滿洲正紅旗人是年任
二十八年		佟保	滿洲正黃旗人是年任
三十五年		沙納海	滿洲正藍旗人是年七月任
四十年		宗室楊福	正藍旗人是年任　盛京舊志作三十九年
四十八年		覺羅孟俄洛	鑲藍旗人是年任　盛京舊志作蒙古洛
五十四年		穆森	滿洲鑲白旗人是年任
五十八年		宗室巴賽	鑲藍旗人是年任雍正二年內召
雍正二年		哈達	滿洲正藍旗人是年任八年正月調荆州

八年		常德	滿洲鑲黃旗人是年任十年九月調赴北路軍營
十年		杜賚	滿洲正藍旗人九月署
十年		博第	滿洲正藍旗人是年任乾隆元年八月調奉天
乾隆元年		吉黨阿	滿洲正黃旗人八月任六年八月內召
六年		鄂彌達	滿洲正白旗人八月任八年九月調荆州
八年		博第	再見九月再任九年三月調西安
九年		巴靈阿	滿洲正黃旗人三月任十一年八月內召
十一年		阿蘭泰	蒙古正白旗人八月任十三年四月調奉天
十三年		索拜	口口口口旗人四月任閏七月授直隸提督
		永興	滿洲正白旗人閏七月任十四年十二月授湖廣提

年份	備注	姓名	履歷
			督
十四年		新柱	滿洲鑲黃旗人十二月任十五年五月內召
十五年		卓鼐	滿洲正藍旗人五月任十六年四月調杭州
十六年		覺羅傅森	鑲黃旗人四月任二十年十二月調鑲白旗蒙古都統
二十年		額勒登	滿洲正紅旗人十二月任二十二年八月卒
二十二年	改稱吉林將軍	薩喇善	滿洲正白旗人八月任二十五年十月革
二十五年		恆祿	滿洲鑲藍旗人十月任三十四年正月調奉天
三十四年		傅良	滿洲鑲黃旗人正月任三十五年四月調正藍旗漢軍都統

三十五年	宗室富椿	鑲紅旗人四月任四十二年六月調杭州
四十二年	福康安	滿洲鑲黄旗人六月任四十三年十一月調奉天
四十三年	和隆武	滿洲正黄旗人十一月任四十七年八月卒
四十七年	宗室永瑋	鑲黄旗人八月任九月調奉天
	慶桂	滿洲鑲黄旗人九月任四十九年三月調福州
四十九年	都爾嘉	滿洲正白旗人三月任五十三年十月調奉天
五十三年	宗室恆秀	鑲藍旗人十月任五十四年四月調西安
五十四年	宗室琳甯	鑲藍旗人四月任五十六年九月調奉天
五十六年	宗室恆秀	再見九月再任五十九年正月革
五十九年	寶琳	滿洲正黄旗人正月任九月卒

		秀林	滿洲鑲白旗人九月任嘉慶八年五月調江甯
嘉慶八年		富俊	蒙古正黃旗人五月任八月調盛京
		秀林	再見八月再任十四年十二月調正白旗蒙古都統
十四年		賽沖阿	滿洲正黃旗人十二月任十八年四月調成都
十八年		喜明	滿洲正藍旗人四月任十九年二月授甘肅西甯鎮總兵
十九年		富俊	再見二月再任二十二年二月調盛京
二十二年		松筠	蒙古正藍旗人二月任二十三年九月調熱河都統
二十三年		富俊	三見九月三任道光二年六月授理藩院尚書
道光二年		松筠	再見六月再任三年九月卒

三年		松筠	蒙古正藍旗人九月任四年二月解
四年		富俊	四見二月四任七年七月授協辦大學士
七年		博啟圖	滿洲鑲黃旗人七月任八年二月授御前大臣
八年		瑚松額	滿洲正黃旗人二月任十年三月調盛京
十年		富克精額	旗人三月任十一年九月革
十一年		覺羅寶興	正黃旗人九月任十三年四月調盛京
十三年		保昌	旗人四月任十五年正月調黑龍江
十五年		蘇清阿	滿洲鑲白旗人正月未到任
		保昌	再見二月再任閏六月調定邊左副將軍
		宗室祥康	正藍旗人閏六月任十二月降

		樂善	滿洲正黃旗人十二月任十六年四月內召
十六年		宗室祥康	正藍旗人四月署十七年正月再任二十年四月交部嚴議
二十年		經額佈	滿洲正黃旗人四月任二十八年十二月降
二十八年		倭什訥	蒙古正黃旗人十二月任三十年五月調成都
三十年		固慶	滿洲正黃旗人五月任咸豐三年正月革
咸豐三年		宗室恩華	鑲藍旗人正月署
		景淯十一年九月更名景綸	漢軍正黃旗人正月任同治三年十二月十五日革
同治三年		阜保	滿洲鑲黃旗人十二月十五日任四年閏五月解

四年		恩合	旗人閏五月二十六日任七月二十七日調署奉天將軍
		卓保	再見七月再署
		德英	蒙古鑲黃旗人九月十五日以阿勒楚喀副都統署五年二月十三日丁憂解
五年		富明阿	漢軍正白旗人二月二十二日任九年九月二十一日因病解
九年		宗室奕榕	鑲白旗人九月二十三日署十年四月二十七日實授　以上據皇朝武職大臣年表
光緒元年		穆圖善	滿洲正藍旗人

二年		古尼音布	滿洲正藍旗人以錦州副都統署
三年		銘安	滿洲鑲黃旗人以盛京口部侍郎署五年實授九年因病解
九年		玉亮	滿洲正紅旗人以吉林副都統署
		希元	蒙古正黃旗人倭什訥子以黑龍江將軍調任十三年調福州
十年	加欽差督辦邊防事宜		
十三年		長順	滿洲正白旗人
十七年		長順	再見是年再任以上據印册

吉林通志卷六十二

職官志五　國朝表二

副都統

順治	吉林附拉林	甯古塔	伯都訥	阿勒楚喀	三姓	琿春
	康熙十年設三十一年裁雍正三年復設	順治十年設左右翼康熙十年裁一缺	康熙三十一年裁吉林缺移駐於此	乾隆二十一年設	初以協領加副都統銜駐防雍正十年設	光緒七年設
順治十年		海塔滿洲正白旗人是年任 尼哈里滿洲正白旗人是年任				

十八年	康熙元年	四年	六年
滿貴滿洲鑲藍旗人是年任以上據八旗通志	傅格旗分無考是年任六年解 海塔是年再任三年解	滿邳滿洲正藍旗人五年任六年解	胡巴克泰

	十年	十五年
	安珠瑚 滿洲正黃旗人是年任	席山 滿洲正白旗人三月任二十年
滿洲正白旗人四月任九年十一月休 安珠瑚 滿洲正黃旗人八月任十年調任吉林	蒯齊 滿洲正白旗人是年任十五年三月休	安珠瑚 三月再任十七年七月陞

	十七年	二十年	二十二年
五月卒		瓦禮虎滿洲鑲白旗人五月任二十八年五月革	
奉天將軍	薩布素旗分未詳八月任二十二年十月陞黑龍江將軍		雅泰滿洲正紅旗人十一月任三十

三十三年	三十二年	二十八年	
		巴爾達滿洲正白旗人六月任三十一年四月缺裁移駐伯都訥	
耿額滿洲鑲紅			三年正月卒
沙納海滿洲	巴爾達滿洲正白旗人是年由吉林移駐三十三年四月革		

	三十五年	三十六年
旗人三月任三十八年閏七月調黑龍江		
鑲黃旗人五月任三十五年七月陞甯古塔將軍	舒述滿洲鑲黃旗人八月任三十六年四月卒	胡式巴滿洲正白旗人五月任四十六年九月休盛京舊志作虎什巴

三十八年	四十二年	四十六年
博定 滿洲正白旗人閏七月任四十二年八月陞黑龍江將軍	喀珥圖 滿洲正黃旗人九月任四十六年九月休	馬齊 滿洲正白旗人十月任雍正二年二月休
		關保 滿洲鑲藍旗人十月任五十二年六月解 盛京志

	五十二年	五十三年	五十五年
作常 觀保	托留 滿洲鑲紅旗人六月任五十五年十月陞黑龍江將軍		沙喀 滿洲鑲藍旗人十月任五十七年十月休
		阿米納 滿洲正白旗人是年任	

五十七年	六十年	六十一年
托羅科滿洲正白旗人十二月任六十年五月解	徐昌滿洲正白旗人五月任六十一年三月卒	覺羅賽什圖滿洲正黃旗人五月任七月調杭州右翼盛京舊志作
	錫巴立滿洲鑲藍旗人是年任	

	雍正二年	三年
		委色 滿洲正藍旗人是年復設五月任四年六月內召
	阿岱 滿洲正紅旗人二月任五年五月解	
色希圖 馬喀那 滿洲鑲白旗八月任雍正三年十一月卒		費雅思圖 滿洲正白旗八十一月任五年二月解

四年	五年	六年
烏察拉滿洲鑲藍旗人六月任乾隆十年九月內召		
	常德滿洲鑲黃旗人五月任八年正月陞吉林將軍	
盛京通志圖作哈	塔爾馬善滿洲正藍旗人二月任八年正月調歸化城左翼	
松特滿洲正黃旗人是年任	花賴滿洲鑲紅旗人是年任	崇提滿洲正黃旗人是年任

七年	八年	九年
	多索禮旗分未詳正月任九年三月調伯都訥	塔爾岱旗分未詳四月任十二月
	圖爾賽滿洲鑲紅旗八正月任九年三月內召	多索禮三月任十月革
覺羅七十滿洲鑲五黃旗人是年任以上皆係協領加銜據盛京通志八旗通志		

	十年	十一年
臣內大臣 哲庫納旗分未詳十二月任十年三月調伯都訥	巴爾岱滿洲正白旗人四月任十一年正月調奉天	常昇滿洲鑲藍旗人正月任乾隆七
伊特倫滿洲鑲白旗人十月署十三年三月內召	哲庫納旗分未詳三月調未到任仍留軍營	
	覺羅七十五滿洲鑲黃旗人是年設二月任十三年閏四月調伯都訥	

	十二年	乾隆四年	七年
年六月調墨爾根城			宗室圖納鑲白旗人六月任十
	覺羅七十五滿洲鑲黃旗人閏四月任乾隆四年十月革	瑪因普旗分未詳十一月任十四年十一月革	
	崇提滿洲正黃旗人閏四月任乾隆九年十一月解		

	九年	十年	十四年
	巴爾品旗分未詳四月任扐林十一年十二月調熱河	嵩阿禮滿洲正藍旗人九月任十九年四月革	
年五月解		伊倫泰滿洲鑲紅旗人五月任十七年九月革	
			赫保滿洲正黃旗人十一月任十九年九月解
	清保滿洲鑲紅旗人十一月任十年五月內召	富僧阿滿洲正黃旗人五月任十五年八月革	

十七年	十八年	十九年
		額爾登額 滿洲正藍旗人閏四月任二十二年五月革
額勒登 滿洲正紅旗人九月任十九年陞吉林將軍		
		舍圖肯 旗分未詳九月任二十年八月調齊齊哈爾
	德甯 滿洲鑲藍旗人十月任十九年三月調赴北路軍營	三格 滿洲正白旗人三月任五月調黑龍江 宗室福爾

	二十年	二十一年
		舍圖肯旗分未詳十月調拉林是月陞青州將軍國多
	舍圖肯旗分未詳十二月任二十一年十月調拉林	宗室格綳阿正藍旗人十月任二十四年九月解
	愛隆阿滿洲正黃旗人八月任二十五年四月調鑲白旗	
		巴岱滿洲正紅旗人十一月任是年始設二十四年十二
松阿滿洲正黃旗人五月任二十三年正月調福州右翼		

	二十二年	二十三年
歡	普慶 旗分未詳五月任十二月内召 增海 滿洲正藍旗人十二月任二十八年正月調甯古塔	
月調三姓		
		富僧阿 滿洲正黃旗人正月再任二十四年九月調甯古塔

二十四年		二十五年
福僧阿滿洲正黃旗人九月任二十八年正月陞荊州	將軍	
		華柱旗分未詳
敦住蒙古鑲黃旗人十二月任二十七年閏五月調三姓		
宗室噶隆阿九月任是年調莊浪	敦住蒙古鑲黃旗人九月任十二月調阿勒楚喀 巴岱滿洲正紅旗人十二月任二十五年九月革	額爾奇瑪

二十七年

綽克托旗分未詳八月任二十八年十二月解

四月任十二月卒

傅良滿洲鑲黃旗人十二月任二十八年正月調吉林

綽克托旗分未詳閏五月任八月調拉林

舒通阿滿洲正黃旗人九月任十二月調熊岳

蒙古鑲藍旗人十一月任二十七年閏五月革

敦住蒙古鑲黃旗人閏五月再任二十八年解

二十八年

傅良滿洲鑲黃旗人正月陞任七月陞漢軍正藍旗都統

福珠禮滿洲鑲黃旗人七月任三十年十一月調三姓

特克慎旗分

增海滿洲正藍旗人正月陞任三十三年三月陞廣州將軍

扎隆阿滿洲正黃旗人正月任三十二年九月調赴科布多

瑚嘉保旗分未詳十二月任二十八年二月卒

耀成滿洲正藍旗人二月任四十年閏十月卒

	二十九年	三十年	三十一年
未詳十二月任三十四年陞廣州將軍是		永安蒙古鑲紅旗人十一月任三十一年六月解	明亮滿洲鑲黃
	舒通阿滿洲正黃旗人正月任三十年十一月內召	福珠禮滿洲鑲黃旗人十一月任三十五年四月調黑龍江	

	三十二年	三十三年	三十五年
旗人六月任三十三年二月調甯古塔		卞柱滿洲鑲白旗人三月任三十七年正月調甯古塔	
		明亮滿洲鑲黃旗人三月任三十七年正月署正白旗護軍統領	
	同福住滿洲正藍旗人九月任三十八年閏三月卒		
			果木布滿洲

三十七年

僧保 滿洲正黃旗人正月任三月調黑龍江

卞柱 滿洲鑲白旗人三月再任五月解

僧保 滿洲正黃旗人五月再任十一

卞柱 滿洲鑲白旗人正月任三月調吉林

福珠禮 滿洲鑲黃旗人三月任四十二年九月調鑲藍旗漢軍

正黃旗人四月任三十七年三月卒

舒通阿 滿洲正黃旗人三月再任三十八年十二月調赴庫爾喀喇

	三十八年
月調熊岳 富僧額滿洲正黃旗人十一月任三十八年四月調墨爾根城	明英滿洲正紅旗人四月任四十四年九月調三姓
	克星額滿洲鑲藍旗人閏三月任四十四年九月調吉林
	宗室克勤郡王雅朗阿鑲紅旗人十二月任三十九年十二月調奉天

三十九年	四十年	四十二年	四十三年
		達色 旗分未詳，九月任，四十八年正月卒	
	託雲 滿洲鑲黃旗人，閏十月任，四十九年閏三月卒		
穆爾泰 滿洲正黃旗人，十二月任，四十三年十二月休			普正 滿洲正紅

四十四年

四十七年

克星額滿洲鑲藍旗人九月任四十七年六月卒

烏靈阿滿洲

普正滿洲正紅旗人九月任十一月解

烏雅爾達滿洲正白旗人十二月任五十三年八月調墨爾根城

旗人十二月任四十四年九月調伯都訥

明英滿洲正紅旗人九月任四十九年十二月革

	四十八年	四十九年	五十年
正紅旗人六月任五十年十二月調齊齊哈爾			索柱 滿洲正黃
	安臨 蒙古正白旗人二月任五十四年閏五月革		
		福珠禮 滿洲鑲黃旗人四月任十二月調三姓	那奇泰 滿洲
		福珠禮 滿洲鑲黃旗人十二月再任五十年二月革	那奇泰 滿洲

五十三年

旗八十二月任五十三年正月解

烏什哈達 旗分未詳正月任八月調齊齊哈爾

僧保 滿洲正黃旗八八月任五十八年正月調黑龍江

正藍旗八正月任二月調三姓

額爾伯克 旗分未詳二月任五十四年閏五月調三姓

正藍旗八二月任五十四年閏五月調甯古塔

	五十四年
巴哩木達 旗分未詳八月任十一月調齊齊哈爾 **索善** 滿洲鑲白旗人十一月任五十八年正月調伯都訥	
	那奇塔 滿洲正藍旗人閏五月任五十九年十二月調熱河
	宗室德清阿 旗分未詳閏五月任嘉慶六年十二月卒
	額爾伯克 旗分未詳閏五月任嘉慶二年五月陞黑龍江將軍

五十八年	五十九年
秀林滿洲鑲白旗人正月任五十九年九月陞吉林將軍	僧保滿洲正黃旗人九月署十二月解 賽沖阿滿洲正黃旗人十二月任嘉慶二年五月調三姓
	慶霖滿洲鑲黃旗人十二月任嘉慶三年二月陞江甯將軍
索善滿洲鑲白旗人正月任嘉慶七年五月解	

嘉慶二年	三年	五年
吉祿 滿洲正黃旗人五月任七年十二月調烏拉總管		
	富尼善 滿洲鑲黃旗人二月任五年十一月內召	郭爾明阿 滿洲鑲藍旗人十一月任九年十月調塔爾巴哈台參贊大臣
賽沖阿 滿洲正黃旗人五月任五年八月陞固原提督		慶溥 旗分未詳八月任六年三月調正紅旗漢軍

六年	七年
	達祿滿洲鑲紅旗人十二月任十三年閏五月授參贊調赴烏里雅蘇台
	斌靜滿洲鑲紅旗人五月任十一月調三姓吉林外紀印册靜作經
烏雅勒達旗分未詳十二月任九年十月休	伊鏗額滿洲鑲藍旗人十一月任九年二月調墨爾根
宗室額勒亨額旗分未詳三月任七年十月卒	斌靜滿洲鑲紅旗人十一月任九年二月調齊齊哈爾

	九年	十一年	十二年
	富登額滿洲鑲黃旗人十月任十五年八月解		
城	達斯瑚勒岱旗分未詳二月任十一年十一月解		伊鏗額滿洲鑲藍旗人十二月再任十三年五月調吉
	色爾袞滿洲正黃旗人十月任十一年正月解	布蘭泰滿洲正紅旗人正月任十五年六月解	
	額勒渾旗分未詳二月任十二年三月調荊州右翼		達松阿旗分未詳三月任十六年六月解

	十三年	十四年
	伊鏗額 滿洲鑲藍旗人閏五月任十四年六月調赴葉爾羌	多福 旗分未詳六月未到任是月調熊岳 隆昌 旗分未詳六月任尋解
林	恆福 滿洲鑲黃旗人閏五月任十五年五月革	

	十五年
圖瓦尚阿旗分未詳九月任十月調荆州右翼 額勒渾旗分未詳十月任十五年二月解	宗室玉衡鑲藍旗人二月任八月調伯都訥 德甯阿滿洲
	德甯阿滿洲鑲藍旗人八月任十九年閏二月陞甯夏將軍
	色爾袞滿洲正黃旗人二月任八月調阿勒楚喀 宗室玉衡
	德甯阿滿洲鑲藍旗人六月任八月調吉林 色爾袞滿洲

	十六年	十九年
鑲藍旗人八月任是月調甯古塔		
松簶蒙古正藍旗人八月任二十一年二月調赴西甯		
		達斯歡岱满洲鑲黃旗人閏二
鑲藍旗人八月任二十四年八月卒		
正黃旗人八月再任二十四年十二月調黑龍江		
	國勒明阿旗分未詳七月任道光二年六月卒	

	二十一年	二十三年	二十四年
	祿成 蒙古正紅旗八二月任二十三年十二月陞綏遠城將軍	哈陞阿 旗分未詳十二月任道光三年十一月解	
月任道光三年四月卒册作達斯胡爾岱			
			和福 旗分未詳
			穆騰額 滿洲

	道光二年	三年
		倭楞泰旗分未詳十一月任十五年九月革
		和福旗分未詳四月任十一年十一月調甯夏
八月任道光三年調甯古塔		永海旗分未詳四月任十月革　蘇倫保滿洲正黃旗八十月任十二月調正黃旗漢軍
正白旗八十二月任道光四年十二月卒		
	扎坦保滿洲鑲紅旗八六月任五年十一月降	

五年

印冊作蘇魯木保 碩德 滿洲鑲紅旗人十二月任十一年四月調齊齊哈爾

德海 旗分未詳十二月任五年二月調黑龍江

金欽保 滿洲正白旗人二月任九年十月內召

吉勒通阿 旗分未詳十一月任十三年六月調伯都訥

九年	十一年	十二年
	伊勒東阿 滿洲鑲藍旗人十一月任十八年四月告終養	
	富陞 旗分未詳四月任十三年正月解	長德 旗分未詳正月任六月調三姓 吉勒通阿
富經 旗分未詳十月任十一年十月因病解	張仲敬 漢軍鑲藍旗人十月任十五年十二月降	
		長德 旗分未詳六月任十八年七月休致

	十五年	十六年
	咸齡 旗分未詳九月任十八年十一月留京	
旗分未詳六月任十六年十一月告病		福勒洪額 旗分未詳十一月任
	和倫 旗分未詳十二月任是月調盛京 察隆阿 旗分未詳十二月任二十年二月因病解	

十八年

輯瑞旗分未詳十一月任二十年五月內召

烏爾德善旗分未詳四月任二十七年八月因病休致册作烏勒德山

十八年九月告終養

恆通旗分未詳九月任十月調甯夏

巴雅爾旗分未詳十月任二十三年九月調吉林

伊勒東阿滿洲鑲藍旗八八月任咸豐三年五月卒

二十年

果陞阿旗分未詳五月任二十三年九月調阿勒楚喀

倭克精額旗分未詳二月任二十三年九月調伯都訥

二十三年		二十四年	二十六年
巴雅爾旗分未詳九月任十一月調正藍旗蒙古	薩炳阿旗分未詳十一月任二十六年五月調阿勒楚喀		西蘭都旗分
倭克精額旗分未詳九月任		巴雅爾旗分未詳是年再任	
果陞阿旗分未詳九月任二十六年四月卒			薩炳阿旗分

	二十七年	咸豐元年
未詳五月任閏五月調正白旗蒙古 盛貴 旗分未詳 閏五月任咸豐元年調察哈爾		琦忠 旗分未詳 十月任三年正月革
	班迪 旗分未詳 八月任咸豐二年三月因病解	
	倭克精額 旗分未詳 是年再任十二月卒	
未詳五月任咸豐三年調熊岳		

二年

巴東阿旗分未詳四月任四年七月因病解

三年

瑞昌旗分未詳正月未到任二月陞杭州將軍

麟瑞旗分未詳二月任同治三年十二月十五日降三級調

魁福旗分未詳十二月任五年十二月調黑龍江

喀通阿旗分未詳二月任十一年二月調甯古塔

圖欽滿洲正紅旗八五月任九年二月因病解

九年	八年	五年	四年
德楞阿旗分未詳七月任十一年	富明阿旗分未詳九月任九年七月解		富春旗分未詳七月任八年九月革
		富隆額旗分未詳十二月任同治二年五月十六日卒	
富呢揚阿滿洲正黃旗八二月			

	十一年	同治元年	二年
二月調阿勒楚喀	喀通阿旗分未詳二月任同治二年十一月初十日卒		色爾固善旗分未詳十一月二
			高福旗分未詳六月十九任五年四
	德楞阿旗分未詳二月任同治元年十月十六日革	舒通阿旗分未詳十一月十七日任三年七月初二日陞正黃旗漢軍都統	
署十二月任			

	三年	五年
	安任 旗分未詳十二月十六日署任六年八月二十三日調西安	
十七日任五年四月十二日調盛京		高福 旗分未詳四月十二日任六年四月二十四日卒
月十二日調甯古塔		定安 滿洲正黃旗人四月十二日任六月十九日調密雲 烏里布 滿洲
	德英 鑲黃蒙古旗人七月初二任六年八月二十三日調吉林	
		勝安 漢軍正白旗人是年任

六年

德英 滿洲鑲黃旗人八月二十三日任十月十六日署黑龍江將軍

毓福 旗分未詳十月十六日署九年九月二十二日實授

烏勒興額 滿洲鑲黃旗人四月二十四日任

鑲黃旗人六月任八年六月初二日因病解

海瑛 滿洲鑲藍旗人八月二十三日任十二年初一日因病解

八年	十年	十二年	十三年
十年十二月丁憂	宗室載耀 旗分未詳 十二月任 十二年三月卒	宗室奕艾 旗分未詳 四月任	
			雙壽 蒙古鑲紅
雙福 滿洲正藍旗人八月初一日任			
		崇歡 滿洲鑲藍旗人十一月初一日任	

	光緒元年	二年
	西蒙克西克旗分未詳是年任	玉亮滿洲正紅旗人是年任
旗人吉林協領是年署	雙福滿洲正藍旗人是年任	
	烏勒興阿滿洲鑲黃旗人是年任	
		金德旗分未詳吉林協領是年署 英林旗分未詳本城協領是年護理 秀吉滿洲鑲紅
	長麟滿洲正黃旗人是年任	

	四年	五年	六年
			德平阿蒙古
	本謙滿洲鑲黃旗人是年任		雙福滿洲正藍
旗人是年任	德平阿蒙古鑲紅旗人拉林協領是年署　富和滿洲鑲白旗人是年署	富和滿洲鑲白旗人是年任至十一年	

	七年	八年
鑲紅旗人是年任		德昌滿洲鑲紅旗人是年署 巴圖哩旗分未詳右翼協領是年護理 雙壽蒙古鑲紅
旗人是年再任	明春滿洲鑲白旗人是年任	
	依克唐阿滿洲鑲黃旗人是年任至十五年	

	九年	十二年	十三年
	恩澤 蒙古鑲藍旗人是年任		
旗人由五常堡協領是年再署	容山 滿洲正黃旗人是年任		恩祥 旗分未詳
	恩光 滿洲鑲白旗人是年任		
		富爾丹 滿洲正紅旗人是年署 富和 滿洲鑲白旗人是年再任至十七年	
	宗室恆元 鑲紅旗人是年任		

	十五年	十六年
	卓淩阿 旗分未詳是年任	
吉林協領是年署 富爾丹 滿洲正紅旗人是年任		
	柏英 滿洲正黃旗人是年任	
文格 滿洲正黃旗人是年任		富淩阿 旗分未詳吉林協領是年署 富魁 漢軍鑲黃旗人是年任
	恩澤 蒙古鑲藍旗人是年任	

十七年	十八年	
	富爾丹 滿洲正紅旗人是年署	沙克都林
吉陞阿 旗分未詳由吉林協領是年署 莫爾賡額 旗分未詳由伯都訥協領是年署	富爾丹 滿洲正紅旗人是年再任	
全福 旗分未詳由吉林協領是年署 富和 滿洲鑲白旗人是年三任		

扎布 滿洲正白旗人，是年任

吉林通志卷六十三

職官　國朝表三

吉林協領 八旗八缺由初設至同治六年任人無考

旗	同治七年
鑲黃旗	巴林保 旗分未詳九年解
正黃旗	喜貴 旗分未詳光緒六年故
正白旗	那斯洪阿 滿洲鑲藍旗人光緒二年革
鑲白旗	永受 旗分未詳光緒元年革
正紅旗	富慶 旗分未詳十三年革
鑲紅旗	喜昌 滿洲鑲白旗人七月陞 富珠哩 旗分未詳十二月調
正藍旗	全福 旗分未詳八年陞復州副都統
鑲藍旗	貴昌 滿洲鑲藍旗人光緒元年致

	八年	九年
		海明 滿洲正白旗人十一年故
花哩雅春 滿洲鑲黃旗人十年革		
	雙壽 蒙古鑲紅旗人十二月出軍營揀放任未上	

十年	十一年	十二年
	賽沙佈滿洲正黃旗人十二年故	富淩阿滿洲鑲黃旗人是年任
全福旗分未詳光緒二年革		
		雙壽蒙古鑲紅旗人八年十二月放是年到任光緒元年

	十三年	光緒元年	二年
			托拉豐阿滿洲正藍旗人九年致
		魁英滿洲鑲紅旗人	
	魁亮滿洲正紅旗人光緒五年革		
			文全滿洲鑲藍旗人十五年陞
革		托倫滿洲正藍旗人三年十月致	
		金福滿洲正藍旗人八年故	

四年	五年	六年	
		巴圖哩 旗分未詳七年調	
		承順 旗分未詳六月調三姓	慶雲 滿洲
	富爾丹 滿洲正紅旗人十三年陞		
德昌 滿洲正藍旗人八年故			

九年	八年	七年	
		明陞 滿洲鑲黃旗人十三年革	
果興阿 滿洲鑲黃旗人			
			鑲黃旗人六月由三姓調
	全福 滿洲正藍旗人八月任		
	富興阿 滿洲鑲黃旗人十一年致		

	十一年	十二年	十三年	十五年
			恩祥滿洲正黃旗人	
十二年故		艾隆阿滿洲正黃旗人		
			富順滿洲鑲藍旗人	
				桂全滿洲正藍旗人七月由阿勒楚喀調
	富通山滿洲正藍旗人			

同治七年

八年

蒙古旗設協領一缺由初設至同治六年任人無考

協領

全英蒙古正藍旗人八年陞

德喜蒙古□旗人十月授光緒七年

鳥槍營設參領一缺由初設至同治六年任人無考

參領

常海漢軍正白旗人光緒五年致

水師營設四品官五品官缺各二光緒十五年設總管一缺

總管四品五品官

趙英任四品官旋故

徐瑾任四品官光緒五年故

沈德春任五品官光緒五年故

王壽昌任五品官十一月陞

王壽昌十一月授四品官光緒五年革

張欽三月授五品官光緒四年故

	光緒五年	六年	七年
故			吉陞阿蒙古口旗人十二月授十七年陞
		富魁漢軍鑲黃旗人二月授三月陞 台斐音阿滿洲正白旗人四月授旋故 廣成漢軍鑲白旗人五月授	
	張坊五月授四品官十五年陞 張慶年九月授四品官 戴夢齡十二月授五品官	姚福興二月授五品官十五年陞	

十五年	十七年
	慶祿蒙古□旗人八月授
張坊二月初設總管 姚福興八月授四品官 姚福升八月授五品官以上旗分俱未詳	

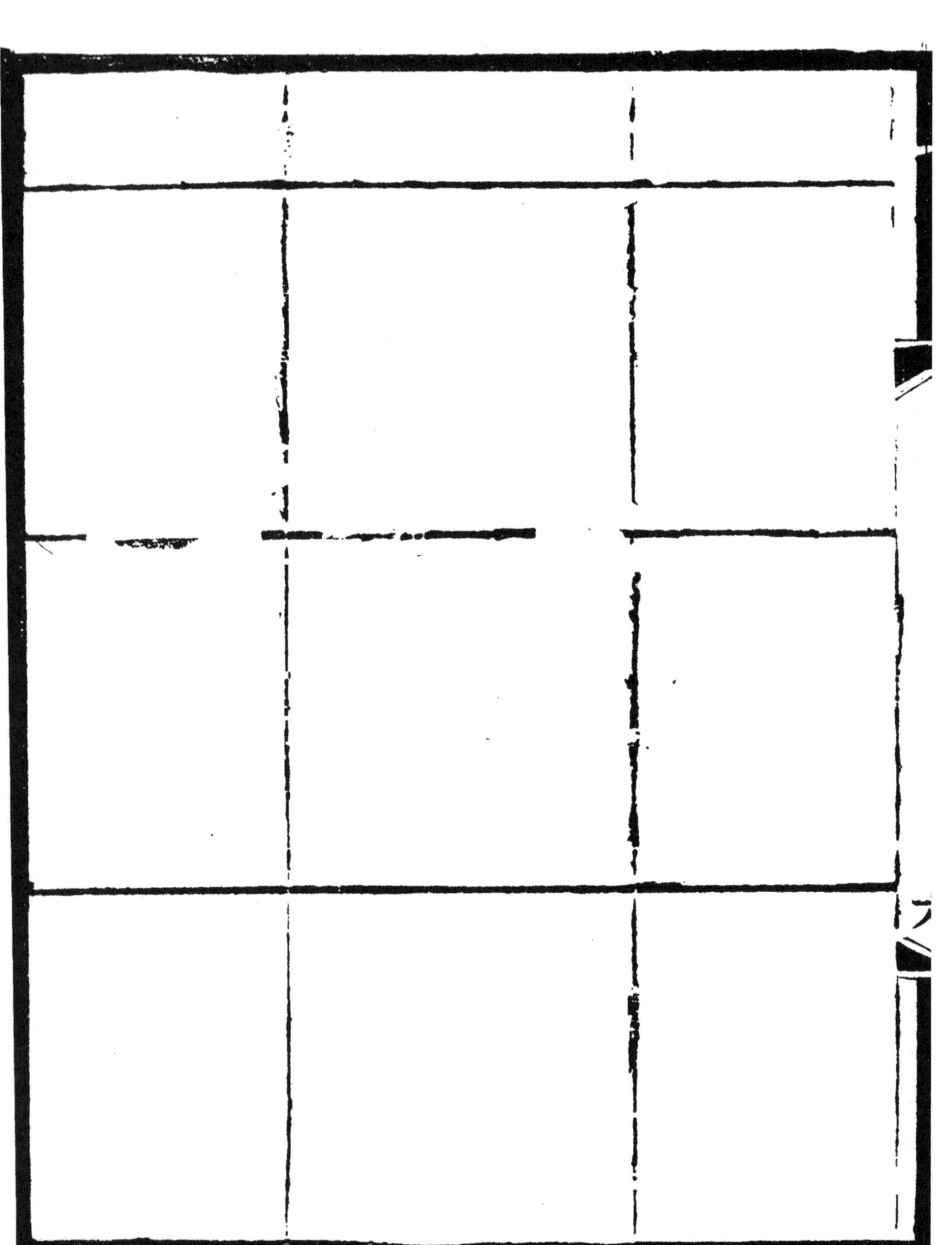

各城協領

各城協領	康熙五十四年	六十一年	雍正三年
甯古塔 八旗二缺分左右兩翼由順治十初設至同治十二年任人無考			
伯都訥 八旗二缺分左右兩翼由順治十初設至雍正十三年任人無考			
阿勒楚喀 原設一缺其一以佐領兼委光緒八年改實缺由初設至同治五年以前任人無考			
三姓 康熙五十三年初設一缺乾隆元年增分左右翼	阿密那 是年任六十一年解	西畢哩 是年任雍正三年解	松時伊 是年任五年解

五年				花來是年任七年解
七年				春來是年任九年解
九年				額勒侯是年任乾隆元年解
乾隆元年		鴻庫任左翼		佛德哩任左翼十四年解
		達都任左翼		
四年		博爾松額任左翼		和保任右翼十四年解
五年		關桂任右翼		
十四年				班達勒善任左翼二十四年解

年		
		富克山任右翼二十三年解
十七年	薩穆巴任左翼	
十九年	法勒察任右翼	
二十年	昂薩哩任左翼	
二十三年		德奇訥任右翼二十五年解
二十四年		德勒除任左翼二十九年解
二十五年	薩斯太任右翼	佈勒哈任右翼二十八

	二十八年	二十九年	三十三年	三十四年	三十六年
	色普徵額任左翼	僧保任右翼 保柱任右翼	富勒胡訥任右翼		瑪音佈任右翼
年解	尼新泰任右翼四十五年解	薩勒善任右翼三十三年解	馬爾胡山任左翼三十四年解	倭和德任左翼四十年解	

三十八年	四十年		四十二年	四十五年	四十六年
武雅拉達任左翼				阿林保任左翼 額勒錦任右翼	富保任左翼 薩普喜圖任右翼
	色勒泰任左翼四十二年解		馬三泰任左翼四十五年解	奇蘭保任左翼五十年解 錢保任右翼五十年解	

五十年	五十二年	五十三年	五十四年		五十八年	六十年
	望時保任右翼		八十九任左翼		喜林保任左翼	雙興阿任左翼
英來任左翼五十三年解 七十一任右翼嘉慶三年解		德善任左翼五十四年解	佛勒泰任左翼五十八年解		武翙額任左翼嘉慶八年解	

年份				
嘉慶三年		晉蘭太任右翼		巴善任右翼十五年解
八年				穆滕額任左翼十二年解
十年		富德任右翼		
十二年		依三保任左翼 依達哩任右翼		富興阿任左翼二十年解
十五年				春陞保任右翼二十四年解
十七年		富爾松阿任左翼		

		廣成任右翼		
十八年		喜魁任右翼		
二十年				常在任左翼道光二年解
二十四年				穩勝任右翼未久 和綳額任右翼道光元年解
道光元年				托精額任右翼五年解
二年				舒隆阿任左翼五年解
三年		依克精阿任左翼 武林太任右翼		

五年	八年	十一年	十七年
		巴爾精阿任右翼	謙德任左翼 色普徵額任右翼
依爾當阿任左翼八年解 西淩阿任右翼十二年解	烏爾德山任左翼十八年解	穆特佈任右翼十八年解	

十八年	二十一年	二十二年	二十四年
	增福任左翼 闊普托任左翼		
依克唐阿任左翼二十二年解 西昌阿任右翼二十四年解		法什尚阿任左翼二十七年解	蘇隆阿任右翼二十八年解

年				
二十五年		色普興阿任左翼 巴爾吉揚阿任右翼		
二十七年				蘇爾張阿任左翼三十年解
二十八年		闊托任右翼		台祿任右翼咸豐二年解
二十九年		蘇芳阿任左翼		豐伸任左翼咸豐五年解
三十年				
咸豐元年		勝保任右翼		
二年				三福任右翼三年解

三年	五年	七年	九年	十年	十一年
		常阿任右翼	烏爾滾偹任左翼		慶恩任右翼
關保任右翼九年解	莫爾賡額任左翼七年解	穆克登額任左翼十年解	景林任左翼十年解 依興阿任右翼十一年解	恒祿任左翼十一年解	淩德任左翼末八

同治元年

二年

三年

五年

七年

克登額任左翼

慶恩任左翼

勝保任右翼

瑞徵任右翼

富貴任左翼

常魁任右翼

花哩雅春滿洲鑲黃

桂廉任右翼七年解

烏勒喜佈任委任左翼十年陞

喜桂滿洲正白旗人任右

永祥任左翼同治十年解

雙金任右翼同治九年解

富慶任右翼三年解

訥爾吉任右翼十年解

	八年	十年	十一年	十二年	十三年
		莫爾根任左翼十三年致			瑚圖哩任左翼光緒九
旗八任右翼	富珠哩任右翼	淩祥任右翼			杜隆阿任左翼
翼十年故		烏勒喜佈任右翼光緒元年革　慶喜委任左翼光緒元年革	蘇勒通阿委任左翼光緒元年革		
		烏爾希佈任左翼十二年解　德淩阿任右翼光緒元年解		春淩任左翼光緒元年解	

	光緒元年	二年	三年
年調 瑞徵任右翼 托雲佈任右翼光緒三年陞			明陞任右翼七年調
		明陞任右翼	
	慶德委任左翼五年陞 英林任右翼三年革		慶雲滿洲鑲黃旗人任右翼六年轉
	國祥任左翼二年陞 儂英阿任右翼	富興任左翼六年解	

五年			桂全滿洲鑲藍旗人委任左翼八年補右翼	
六年			富興任右翼八年轉	承順任左翼
七年	巴圖哩任右翼由吉林正黃旗轉	莫爾賡額任左翼 穆隆阿滿洲鑲白旗人任右翼		
八年			桂全滿洲鑲藍旗人任右翼十五年轉 國興阿是年增爲實缺任左翼九年轉	

九年	十一年	十二年	十五年	十六年	十七年
雙勝任左翼					
胡圖哩任左翼十一年致	富明阿任左翼十二年故	永海任左翼十五年故	常福任左翼旋故 雙全任右翼十六年故	慶祿任左翼正月授	恩齡滿洲正藍旗人任右翼

各城協領	康熙五十年	雍正五年
拉林由初設至同治四年任人無考		
琿春康熙五十三年初設一缺雍正五年添副協領一缺乾隆元年裁光緒七年復分左右翼其右翼以佐領委任仍一缺十二年改實共二缺	那爾六是年任雍正七年調征準噶爾逆匪	苦楚滿洲鑲黃旗人任副協領
雙城堡嘉慶初設咸豐元年改爲總管光緒八年改總管仍爲協領由初設至同治三年任人無考		
烏拉乾隆五年設		

七年	乾隆元年	五年	七年
苦楚滿洲鑲黃旗人署任乾隆元年回京 巴克希那署副協領	珠蘭泰署任		
		那什滿洲鑲黃旗人任左翼六月授七年故 烏成額滿洲正黃旗人任右翼六月授七年解	珠都那滿洲正黃旗人任右翼四月授十一年解

八年	十一年	十三年	十四年	十五年
		何保署任	巴克希那署任	奇格署任

那莫達滿洲鑲白旗人任左翼五月授八年解

瑪爾圖滿洲鑲白旗人任左翼四月授十三年解

薩哈廉滿洲正黃旗人任右翼十月授二十六年解

七格滿洲正白旗人任左翼十月授十五年解

德克德恩漢軍鑲黃

	二十四年	二十六年	二十七年	二十八年
	德都			三喜
旗人任左翼八月授		葉普崇額滿洲鑲白旗人任右翼九月授二十七年解	尼金泰滿洲鑲紅旗人任右翼五月授二十八年解以上兩翼	阿林保滿洲鑲黃旗人十月授三十六年致

三十四年	三十五年	三十六年	四十三年	四十九年	五十年
英來署任	扎穆蘭		永德	倭特山署任 英來再署	阿勒泰署任 巴彥圖署任
		來哩科滿洲正白旗人二月授四十三年致	劄祿滿洲正黃旗人十二月授嘉慶元年解		

五十六年		英德		
五十七年		巴爾扎		
嘉慶元年				鳳海滿洲鑲藍旗人四月授十年解
十一年		扎瑚岱		舒勒哈山滿洲鑲白旗人十一月授十九年陞
十九年				富珠滿洲鑲藍旗人五月授二十二年故
二十二年				額林保滿洲正藍旗人十一月授道光十二年致

年				
二十三年		依勒章阿		
二十五年		依克金阿		
道光四年		扎隆阿		
九年		烏林德		
十二年				烏林太滿洲正藍旗人三月授十六年致
十六年				郭興阿滿洲正白旗人五月授二十年革
十九年		清安		
二十二年				台斐音阿滿洲正白

				旗人三月授本年轉 依成額滿洲正黃旗人正月授咸豐三年陞
二十五年		三福署任 博恆額		
咸豐二年		嘎爾剛阿署任 富興署任		
三年				舒和滿洲鑲藍旗人十二月授十一年致
六年		那斯渾署任		

	八年	九年	十年	同治四年	
富勒棟阿署任 德昌滿洲正藍旗人	永謙 松恒署任	富勒棟阿署任	台斐音阿滿洲正白旗八旗		
				善慶任總管陞杭州副都統	佟興署總管五年城陷六
			明祿漢軍正白旗人十二月授同治五年革		

	五年	六年	七年	八年
	德平阿蒙古鑲紅旗人是年放未到任 桂全滿洲鑲藍旗人署任七年解		永海署任八年解	德平阿蒙古鑲紅旗人是年到任光緒六年解
年革	富興護總管 喜貴署總管	雙福任總管八年調征陝西		穆克登額護總管
	全英蒙古正藍旗人三月授九月解 貴陞滿洲正白旗人九月授八年陣亡			常福滿洲鑲藍旗人十月授光緒二年致

十年	九年	
	訥木錦是年加副都統	
富興再護總管 常海漢軍正白旗人署總管 平海任總管八月授十一月故		那斯洪阿滿洲鑲藍旗人署總管 三都克多爾濟任總管六月授十年解

	光緒二年	三年	四年
		瑚圖哩署任	
常海漢軍正白旗人再署總管 依常阿任總管光緒二年故	富興三護總管 和平任總管五授六月授四年年故 解		富浚阿滿洲鑲黃旗人是年署總管
	常林滿洲正白旗人正月		

五年	六年	七年
	德玉是年任未上　松年署任七年解	永海再署任
	德玉署任	訥木錦任左翼因設副都統復分左右翼仍一缺　德玉委右翼
清瑞任總管六月授六年正月請假	穆克登額再護總管　扎拉豐阿滿洲正藍旗人署總管　清瑞再任總管十月請假八年革	
	穆隆阿滿洲鑲白旗人三月授七年轉	淩祥滿洲正紅旗人三月授十年故

八年			明陞署任是年改裁總管為協領以上皆總管 富興十月由阿勒楚喀轉十三年委全營翼長	
九年	德玉是年到任十年解	全有委右翼		
十年	恩祥滿洲正藍旗人是年任未上 富通山滿洲正藍旗人署任	德玉任左翼		金德滿洲鑲紅旗人二月授十八年致
十一年	德祿署任			

年				
十二年		穆克登阿任右翼		
十三年	保成是年任未上 金德滿洲鑲紅旗人署任		永海署任	
十四年	廣成署任		富淩阿滿洲鑲黃旗人再署任	
十五年			順喜再署任	
十六年	保成是年到任		富淩阿滿洲鑲黃旗人三署任	
十八年			喜勝由本堡鑲白旗佐領委	恩齡滿洲正藍旗人三月由阿勒楚喀轉

吉林通志卷六十四

職官志七　國朝表四

吉林佐領鑲黃旗五缺二世管三公中正黃旗五缺四世管一公中正白旗五缺一世管一戶管三公中鑲白旗五缺二世管一互管二公中正紅旗五缺三世管二公中鑲紅旗五缺三世管二公中正藍旗五缺二世管三公中鑲藍旗五缺三世管二公中共各旗公中由初設至同治六年任人無考

	鑲黃旗	正黃旗	正白旗	鑲白旗	正紅旗	鑲紅旗	正藍旗	鑲藍旗
康熙九年	滿吉那 烏蘇哩綏芬庫雅拉氏由嘎山達是年編入任	托鈕 烏蘇哩雅蘭河源鄂扎氏由嘎山達是年編入任世		佈克都 哩烏蘇哩尼赫哩氏由屯長是年編入任世	訥留 必勒特爾庫雅拉氏由嘎山達是年編入任世管十	哩佛 烏蘇哩綏芬尼瑪察氏由嘎山達是年編入任世管		滿珠那 尼瑪察氏由嘎山達是年編入任世管十五年

世管永久致

烏爾秋 滿吉那子七月揀任世管二十一年致

管按托鈕初任其次二任西畢雅喀三任莫爾固四任莫爾杜五任阿薩爾斡六任蘇勒都七任僧保八任海保九任托隆保十任七十十一任烏保十二

管按佈克都哩初任其次二任穆拉喀三任穆爾庫四任穆拉喀五任碩色六任那斯哈七任雅勒泰八任五十八九任麥克那十任七十六十一任巴勒

八年致

三十五年致

扎斯胡 興喀 里庫雅拉氏由嘎山達是年編入任世管二十六年致

致

圖勒法 喜路 察尼瑪察氏由嘎山達是年編入任世管二十七年致

	十三年
	杭鼇爾博 后莫勒哲爾氏由嘎山達是年編入任世管二十三年致
任德山十三任雅青阿十四任春陞年俱未詳至同治四年貴全始詳	察勒碧 翁肯山何業氏由哈賴達是年編入任世管按察勒碧山
	永保姓氏年俱未詳任是旗戶管至乾隆四十四年富通阿年任始詳
精阿十二任常壽年俱未詳至咸豐十一年安楚拉始詳	珠蘭塔 烏蘇哩奇杜穆氏由嘎山達是年編入任世管按珠蘭塔初
	喀柏津街 吳扎拉氏由嘎山達是年編入任世管二十五年致
	尼克山 西爾河吳扎拉氏由嘎山達是年編入任世管二十七年革
	溝祿神 烏蘇哩藕洪闊齊圖哩氏由嘎山達是年編入任世管二十二

吉林通志卷六十四 二

初任其
次二任
西普他
三任恩
秀四任
額勒都
哩五任
烏善保
改爲公
中乾隆
四十三
年六任
富勒胡
訥七任
淩保八
任常保
九任莫
爾賡額
年俱未
詳至同

任其次
二任吉
爾浩三
任法達
四任匡
色五任
扎祿六
任倭僧
額七任
任福八
四阿克
任九任
敦楞額
德任吉
十年俱
祥詳至
未詳十
光緒年
四年承
恩年任
始詳

克鈕阿
哩闊庫
哩氏綽
嘎山由
是年達
入任編
管二世
三年十
致

年故

十五年

治九年德恆始詳

撓那赫津何業勒氏由嘎山達授驍騎校是年編入任世管接撓那初任其次二任舒博春三任色爾圖四任八十五

甯武訥 莫勒德里氏由驍騎校是年揀放任世管接甯武訥初任其次二任吉木舒三任佛德里四任發保五任佛

都奇訥 滿珠那從弟是年任世管二十三年故

十八年

任永泰六年任春福俱未詳至咸豐六年貴連年任始詳

額勒渾訥留子是年任世管三十五年陞伯都訥協領

訥六任那爾胡善七任富順八任扎隆額九任格綳額年俱未詳至同治元年石柱年任始詳

三

二十一年	二十二年	二十三年
哈爾山 烏爾秋子任世管三十三年革		倭諾佛 杭龍子任世管雍正七年解
		那勒碧 察克鈕子任世管二十五年
	額依通 庫溝祿神從弟任世管四十三年致	艾蒙阿 都奇訥堂叔任世管四十二年

	二十五年	二十六年
故	依祿雅 喀柏子任世管三十四年故 特祿那 碧察勒子任世管三十七年革	
		西爾闊 扎斯胡哩子任世管四十八年
故		

	二十七年	三十年	三十三年
			楊桂滿吉那子任世管四
解	恨德音尼克山姪任世管雍正二年陞	吉道哩佛子任世管雍正七年解	
	特圖勒圖勒法察子任世管三十四年故		

	三十四年	三十五年	三十七年
十六年解			
			齊哩佈 甯古塔傅察氏是年編入任世
	花山 依雅子祿任世管雍正九年故	穆珠胡 額勒渾弟任世管四十五年故	圖碧深 特祿弟任世管雍正元年致
	遶哩哈 特圖勒子任世管五十二年故		

管按齊哩佈初任其次二任賽弼三任薩蘭泰四任善德五任章庫六任色普清額七任富倫八任阿克達春年俱末詳至光緒十四年錫恩年任始詳

四十二年	四十三年	四十五年	四十六年
			珠勒格
		唐五哩 額勒渾子任世管雍正五年致	
桂爾穆 艾蒙阿弟任世管四十五年革	阿哈那 溝祿神子任世管五十二年革	托迷那 桂爾穆族姪任世管六十年故	

	四十八年	五十二年
哩楊杜從弟任世管五十八年解		
	依闊西爾闊弟任世管雍正六年解	
		來色阿哈那子任世管雍正三年故　珠克都

	五十八年	六十年	雍正元年
	愛薩哩楊柱子任世管乾隆五年革		
			佟備圖碧
訥達哩哈子任世管雍正八年故		富勒庫托迷那子任世管雍正六年革	

	二十	三年	五年
深子任世管乾隆十五年故			額爾德泥　唐五哩弟
	和保恨　德音子任世管乾隆元年陞		
		阿哈那　是年再任乾隆十年故	

	六年	七年	八年
		那什倭諾佛子任世管乾隆七年解	
任世管乾隆二十八年故			
	色爾古德依闊子任世管乾隆七年解	奇籌吉道弟任世管乾隆十年解	
	富達那富勒庫堂叔任世管乾隆二十四年致		都耐克珠

九年	十一年	乾隆元年
	罕圖花山弟任世管乾隆十一年故	
都訥叔是年任世管十一年陣亡		圖勒訥都耐子任世管乾隆二十年故石成額

	二年	五年	七年
		永海愛薩哩子任世管三十四年解	班柱什那子任世管十六
			西佛爾色古德子任世管
和保子任世管十二年解	珠新保圖勒訥族姪任世管十九年故		

	十年	十一年	十二年
年解			
		舒勒圖 哩罕圖子二任世管十七年故	
三十年解	薩哈連 吉道子任世管三十六年解		額騰額
	都爾秋 阿哈那族弟二任世管十九年解		

	十五年	十六年	十九年
		烏倫太 班柱弟任世管二十六年解	
	圖克太 佟備子任世管十九年故		薩哈達 圖克太弟任世
石成額弟任世管二十七年故			
			隆保珠 新保弟任世管二

二十四年	二十六年	二十七年	
	奇蘭保 烏倫太子任世管五十年解		
管二十八年故			扎蘭泰 舒勒圖哩子任世管五十一年
			倭西訥 額騰額子任世管二十八年解
十八年故	博哩善 富達那子任世管四十年故		

	二十八年	二十九年
故	訥爾泰 額爾德呢子任世管四十年故 阿哩善 薩哈達子任世管嘉慶十二年故	
	和德倭西 訥叔任世管嘉慶六年解	
	敏唐阿 隆保子任世管四十年故	色爾胡 都爾德秋子

	三十年	三十四年	三十六年
		諾穆山 永海子任世管五十九年革	
	阿爾泰 西佛兄任世管五十三年解		隆海哈薩 連子任世管嘉
任世管四十三年故			

四十年

四十三年

慶元年解

黄爾囊　額訥爾泰孫任世管五十三年故

五十八

博哩善　子任世管五十一年故

勝保　敏唐阿子任世管嘉慶元年故

呢堪　色爾胡德叔任世管五十二年革

四十四年	五十年	五十一年
	富德哩 奇蘭保從弟是年任世管	
富通阿 任戸管道光十三年故		
		額勒德 恩保 扎蘭泰姪任世管嘉慶四年故
		明山 五十八子任世管道光二十四年革

五十二年	五十三年	五十九年
	富關保 富德哩子任世管道光二十一年解	五十一 楊杜三世孫任
	德克精額 莫爾賡額弟任世管嘉慶十一年故	
	阿爾虎 阿爾泰弟任世管嘉慶十四年解	
胡西伯 溝祿神族孫任世管嘉慶二年革		

	嘉慶元年	二年	四年
世管嘉慶十四年解			
			佛爾慶
	蘇通阿 隆海子任世管十五年解		
	明保 勝保弟任世管道光二年故	阿斯泰 胡西伯族曾孫任世管二十一年故	

	六年	十一年	十二年
額德恩 額勒保子任世管二十二年故		六十七 德克精額子任世管十二年故	博慶阿
	舒明額 和德子任世管二十四年解		

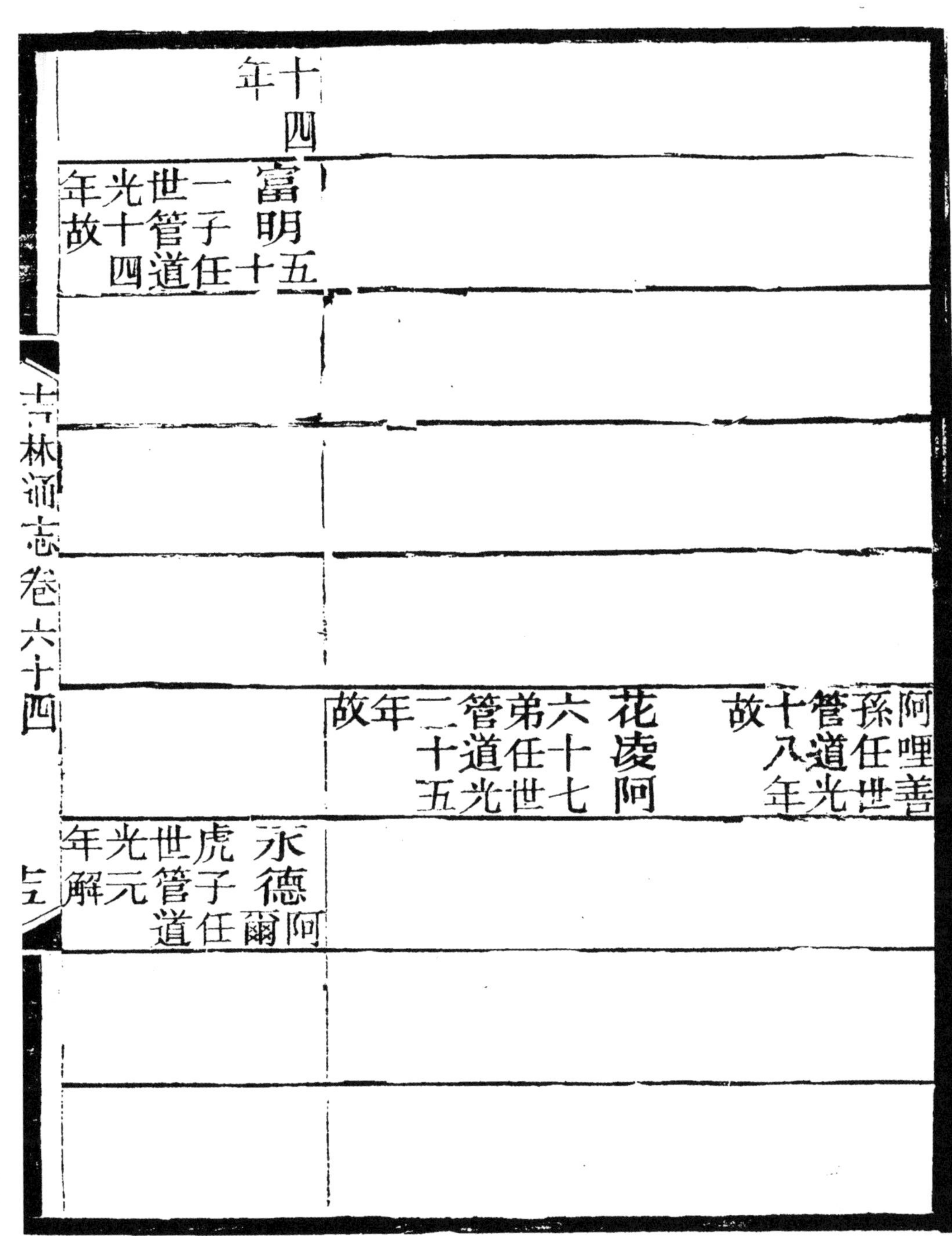

十四年

富明五十一子任世管道光十四年故

阿哩善孫任世管道光十八年故

花凌阿六十七弟任世管道光二十五年故

永德阿爾虎子任世管道光元年解

十五年	二十一年	二十二年
		富勒胡 那佛爾慶子任世管同治九年故
永魁 蘇通阿子任世管道光十六年解		
	富德 阿斯太子任世管道光五年故	

年								
二十四年						富亮舒明阿弟任世管道光元年解		
道光元年						喀爾吉永德子任世管十年解 富興富亮弟任世管二年解		
二年						德壽富興		雅隆阿

吉林通志卷六十四

	五年	十年	十三年
			保連 富通
從姪任世管二十年解		富精阿 喀爾吉子任世管二十九年解	
明保子任世管十八年故	豐升額 富德子任世管十九年故		

	十四年	十六年	十八年
	德喜富明子任世管同治元年解		
阿子是年任戶管同治元年解			
			和明博慶阿子任世管二
		慶林永魁子任世管同治四年解	
			雙成雅隆阿子任世管咸

	十九年	二十年	二十一年
			德永富關保子任世管咸
十年故		德克登額和明子任世管二十七年故	
		德舒倫泰德壽子任世管同治九年解	
豐十年陣亡	德凌豐升額子任世管同治七年致		

	二十四年	二十五年	二十七年
豐十一年解			
			忠誠是年任互管以前無考
		隆福花凌阿子任世管同治六年革	保祥德克登額弟任世管光緒九年故
			明山富精阿子任世管同治七年故
	永和明山子任世管咸豐四年故		

咸豐四年	六年	十一年	同治元年
	連陞 德喜子任世管同治元年解	春慶 德永子任世管同治十年解	松林 連陞
	貴連 春福子任世管春福見前		
			依棉佈
		安楚拉 常壽子任世管常壽見前	
			石桂 格紬
魁陞 永和子任世管同治七年故		富青阿 雙成子任世管	

	三年	四年	六年
子任世管光緒七年革			
		貴全春陞子任世管春陞見前	
保連子任戶管同治八年故			
			隆海隆福弟任世管
	德連明山子任世管光緒七年故	成連慶林子任世管光緒三年故	
額子任世管格繃額見前			

七年

依克唐阿是年任公中以前無考

海明是年任公中以前無考

滿春是年任公中以前無考

常德是年任公中

保成是年任公中

文福是年任公中

岳林是年

春毓是年任公中以前無考

訥穆金是年任公中

全福是年任公中以前無考

恩特恆額是年任戶

承惠是年任公中以前無考

全陞是年任公中三月補以前無考

魁忠是年任公中以前無考

連貴是年任公中十三年故

永山是年任公中十一年故以前無考

富凌阿是年任公中以前無考

烏倫保是年任公中以前無考

春泰是年任公中以前無考

金福是年任公中以前無考

常清任世管以前無考

色楞額是年任公中以

德恆是年任公中以前無考

富勒棟阿是年任公中以前無考

安永德凌子任世管

	八年	九年
		依力佈是年任公中 托倫是年
任公中		德恆是年任公中是旗由乾隆四十三年
管 永海是年任公中以前無考	烏斯杭阿是年任公中十一年故	
		榮陞富勒胡那孫任世管
		全永舒倫泰子任世管十三年故
前無考		

十年	十一年
任公中 春福 是年任公中光緒元年致 志超 奇蘭保三世孫任世管光緒六年革	
改爲公中	
托倫 是年任公中光緒元年陞	雙福 是年任公中
	全林 是年任公中光緒七年革

十二年	十三年	光緒元年	
博慶額是年任公中		慶雲是年任公中	
		恩常依棉佈子是年任戶管	明年是年
	連魁是年任公中光緒五年故		
連城是年任公中	花里雅遜全永子任世管		
成林是年任公中			
	文全是年任公中七月補光緒三年解		

二年

海昇是年任公中

任公中

安明是年任公中

保元是年任公中

明順是年任公中未久

德陞阿是年任公中

常永是年任公中

慶雲是年任公中由鑲黃旗轉見前

果興阿是年任公中

三年	五年	六年	七年
景寶珍是年任公中		斌俊志超子任世管	多倫松林
			全福是年
	文輝是年任公中八年故		明志是年
廣陞成連子是年任世管			恩祥是年
恩祥是年任公中 常春是年任公中	恩令是年任公中十七年解	富通山是年任公中	
勝魁是年任公中	慶安安永子是年任世管		富興是年

	八年	九年	十年
子任世管	祥魁是年任公中正月授	永海是年任公中	
	魁慶恩特恆額子任戶管		廣成是年任公中
任公中三月授 順喜是年任公中七月授			
任公中		魁陞保祥子是年任世管	
任公中 全恩德連子任世管十二月授			
任公中			

十一年	十二年	十三年	十四年
	賁成是年任公中　慶祥是年任公中	蘇崇阿是年任公中	恆春是年
			錫恩克阿
德恆是年任公中四月授見前			
			承恩祥吉
		全榮是年任公中	
	常福是年任公	春和是年任公中	
			淩順是年

	十六年	十七年	十八年
任公中	玉寬是年任公中		
達春子任世管阿克蓬春見前			
子任世管吉祥見前			
		永輝是年任公中	德雲是年任公中
		德海是年任公中 恩慶是年任公中	
任公中			

十九年

德祿是年任公中以上並印册

吉林通志卷六十四

蒙古旗佐領同治七年以前無考

	鑲黃旗	正黃旗	正白旗	鑲白旗	正紅旗	鑲紅旗	正藍旗	鑲藍旗
同治七年	慶新保是年任世管	德連是年任公中	永恰佈是年任公中	薩連是年任公中	依克塔佈是年任公中	雙壽是年任公中	吉爾穆圖是年任世管	慶陞是年任公中
九年						吉陞阿是年任公中		
十年							恩吉吉爾穆圖子任世管	
十一年				全忠是年				

年								
				任公中				
十二年								德平 是年任公中
十三年		玉寬 是年任公中						
光緒二年			薩淩 是年任公中					
三年				德安 是年任公中正月補				雙全 是年任公中三月補
七年			富泰 是年			慶祿 是年		

	八年	十一年	十二年	十五年
			關福賡新保子任世管	
任公中九月轉		德山是年任公中		德亮是年任公中
	海權是年任公中			
任公中十二月放				

吉林通志卷六十四 表

十六年
依鏗額 是年任公中三月放
春明 是年任公中八月轉
保陞 是年任公中五月放以上並印册

烏槍營佐領 同治七年以前無考

	同治七年	十一年	十二年	光緒元年
鑲黃旗	依勒杭阿是年任		勝福是年任	台斐英阿是年任
正黃旗	佛銘是年任			
正白旗	恆山是年任	富恆是年任		
鑲白旗	富成阿是年任			
正紅旗	薩凌阿是年任			
鑲紅旗	富魁是年任			
正藍旗	烏永阿是年任			
鑲藍旗	廣成是年任			

二年	三年	四年	六年	九年
			額勒德科是年任	
		永清是年任		
	松年是年任			
			鳳翔是年任	
占祥是年任				榮陞是年任

十一年	十六年	十七年	十八年	十九年
	亮山是年任	勝安是年任	德喜是年任	
			舒沖阿是年任	
文煥是年任				
			貴陞是年任	
				全吉是年任以上並印冊

吉林通志卷六十五

職官志八　國朝表五

寧古塔佐領　康熙十三年初編正紅正藍鑲藍三旗世管十五年編鑲白旗世管其公中各旗自初設至同治四年任八無考

	鑲黃旗	正黃旗	正白旗	鑲白旗	正紅旗	鑲紅旗	正藍旗	鑲藍旗
康熙十三年					科勒德以阿木達鄉長孟姓編入任世管按科勒德是其初任其二		投事以卧密陶姓族長編入任世管	瑚哈圖以熬金鄉長何姓編入任世管 阿奈瑚哈圖子任世管

吉林通志卷六十五

任額訥佈三任扎哈拉四德額奇任五任烏碩六任色勒訥七任依色勒八任英德九任烏雲佈十任花一佈十連任富爾松阿十二任吉勒圖塔十三任常

	十四年	十五年
		珠穆那 喀以黑龍江口鄉長孟姓編
海十四任常魁年俱未詳		
	瑚爾庫 投車叔任世管 喀鈕投車孫任世管雍正七年革	

	二十四年	二十五年
入任世管 德都伸 珠穆那喀弟任世管二十五年致		永闊 珠穆那喀子任世管
	雅普久 阿奈弟任世管三十六年致	

	三十六年	五十四年	雍正四年
雍正四年致			松泰永隅子任世管七年陞
	剛努阿奈子任世管五十四年致	都超剛努子任世管雍正十二年故	

七年	十年	十二年
依三達 爾松泰弟任世管十年故	德勒楚 德都伸孫任世管乾隆十一年革	
推達哩 喀鈕子任世管乾隆二十六年故		隆保 阿奈孫任世管乾隆

乾隆十一年	十七年	二十五年
扎爾色 依三達爾子任世管十七年故	希拉 扎爾色子任世管三十五年故	
		依常阿 推達哩子任世管嘉慶十六年
二十九年故		

二十九年

三十五年

五十七年

扎勒必

山希拉
子任世管五十七年故

富勒洪
阿扎勒必山

四

致

巴扎哩
隆保子
任世管
嘉慶十
一年致

	嘉慶二年	十一年	十六年
弟任世管嘉慶二年故	托克托富勒佈洪阿子任世管道光二十三年故		
		托清阿巴扎哩子任世管道光元年故	阿爾順

	道光元年	十一年	十三年
依常阿子任世管道光十一年故		富坤 阿爾順子任世管同治二年故	
	隆全 托清阿子任世管十三年故		蘇勒肯

二十三年	同治元年	
	常伸托克托佈子任世管以下至咸豐年未詳餘亦多闕	
隆全子任世管同治元年故		色克吞蘇勒肯姪任世管光緒十七年故

二年	五年	六年
		春泰任公中 常興任公
	德恒任公中 巴圖哩任公中	
諾穆渾富坤子任世管光緒十三年故		

	七年	十二年	十三年
			哈豐阿
中			瑚圖哩
			松恆任公
	穆隆阿任公中　英祿任公中		
		文全任公中　榮廉任公中	

	光緒元年	二年
任公中 雙福任公中		隆福任公中 忠壽任公中 諾穆錦
任公中 花良阿任公中		
中 恩齡任公中		
	保成任公中	

年	1	2	3	4	5	6	7	8
	任公中							
三年	關泰任公中							
四年	永海任公中				德順任公中			
五年		岳克精阿任公中	恩祥任公中		金德任公中			
七年						全榮任公中		
八年						喜壽任公		

	九年	十一年	十二年	十三年
	富慶任公中　馬亮是年任公中		喜崐任公中	
			喜昌阿任公中	
	春陞任公中		常祥任公中	
		吉立杭阿任公中		
中				
				全伸諾穆

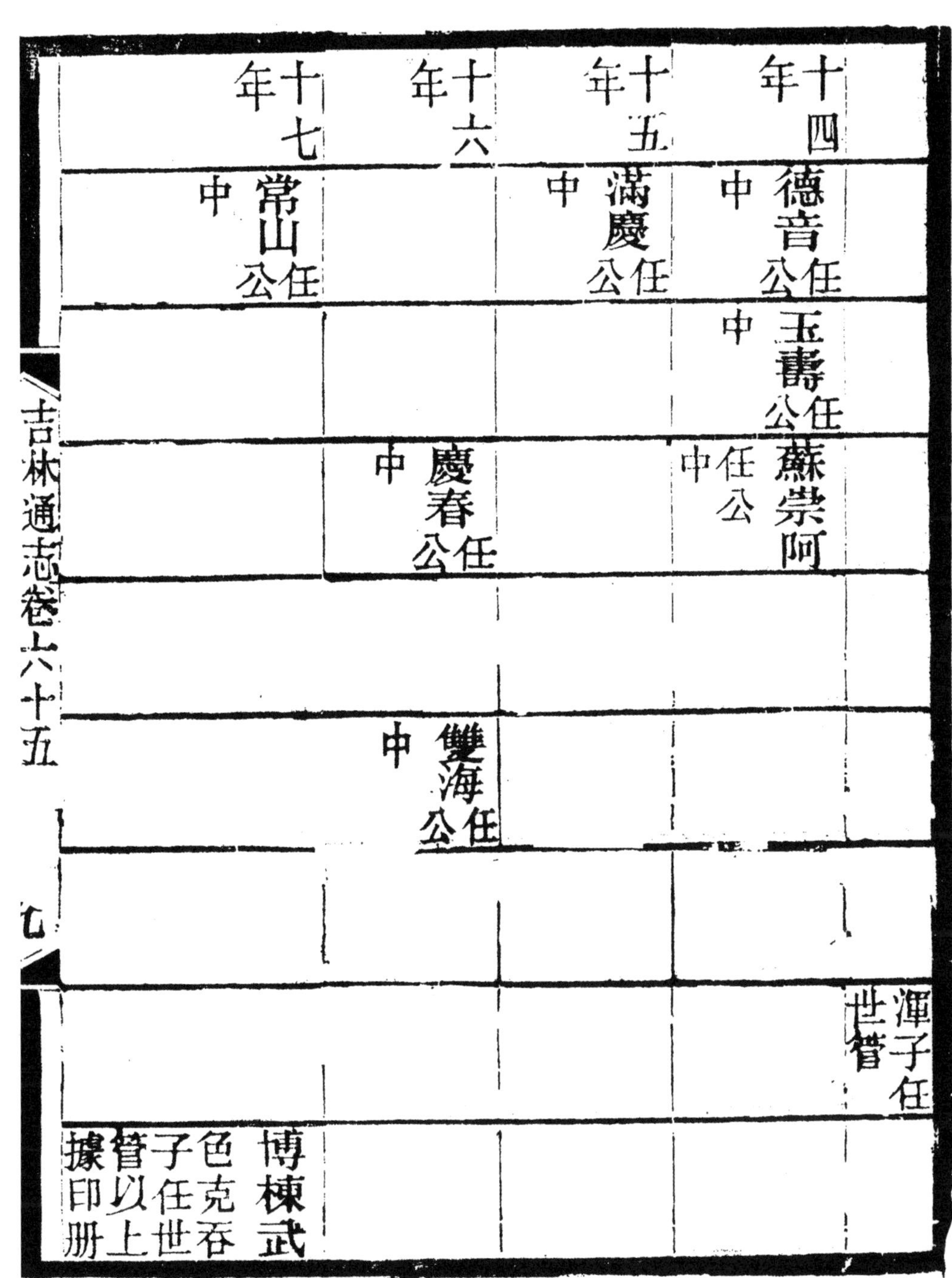

十四年	十五年	十六年	十七年
德音公任　中	滿慶公任　中		常山公任　中
玉壽公任　中			
蘇崇阿任公　中		慶春公任　中	
		雙海公任　中	
渾子任世管			
			博棟武　色克吞子任世管以上據印冊

伯都訥佐領滿蒙八旗十二缺乾隆元年以前任八無考

	乾隆元年	三年
鑲黃旗	僧保	
正黃旗	阿穆楚	
正白旗	尼克塔　阿拉左翼蒙古　班迪爾善右翼蒙古　以上蒙古正白旗二缺	察柏
鑲白旗	產塔	
正紅旗	蘇扎霍	
鑲紅旗	特穆格　圖以上六旗　六缺	
正藍旗	武本柏頭旗　納爾佈二旗	富納二旗
鑲藍旗	保柱頭旗　納音木二旗　以上四旗缺	恩泰頭旗

年								
四年		惠色		巴圖訥			墨林太二旗	
五年			密拉左翼蒙古					武吉墨頭旗
六年								琿達察二旗
七年							索爾古達頭旗	
十年							古三太頭旗	

十一年	十五年	十七年	十九年	二十年	二十一年
			色克喜德爾春		
巴三太	孔固魯 多爾博 霍蒙古左翼				
					巴斯太
	扎科薩	開奇		扎蘇	
				依察拉	
	蘇爾泰 頭旗	瑪爾才 頭旗	喀拉岱 二旗		
		阿蘭太 頭旗			楊保 二旗

二十三年			敦卓佈右翼蒙古					
二十四年			喜特佈				班色納頭旗 來葛二旗	
二十五年	阿斯太	薩斯太						
二十七年								瑪爾泰二旗
二十九年		將都	阿巴達文色右翼蒙古				祥書頭旗	瑪音達哩頭旗

三十年	三十一年	三十三年	三十四年	三十六年
		瑪三泰		
扎林保開泰				僧保
				訥林 拉喜右翼
		鄂羅霍 綽		
			珠欽音 保	
				佛保
百新泰頭旗	都隆阿頭旗			富勒胡 訥頭旗

年份								
				蒙古				
三十七年					武金保			
三十八年		武雅達						惠色頭旗
三十九年			班達左翼蒙古			舒胡魯特	巴拾哩頭旗	倭和訥頭旗
四十一年							保柱二旗	
四十二年	舒什訥			富保				
四十五年						武雅拉達		
四十六年		薩佈錫	唐新保	倭亨特	富保			

	四十七年	四十八年	五十年	五十一年 五十二年
圖				惠保
	達喜 左翼蒙古			舒倭林奇 左翼蒙古
		瑪金太		
		阿林保		
		舒胡勒特		扎郎阿
	色爾泰 頭旗		愛新保 二旗	
	倭林泰 二旗	受晗納 二旗		

五十三年	五十四年	五十八年	五十九年
常保			阿爾綳 阿
章保右翼蒙古	穆慶額 明安圖左翼蒙古 羅普章右翼蒙古	穆淩額	
		豐海	
	常新保左翼蒙古		
			阿音保頭旗
	有成頭旗		

六十年	嘉慶元年	二年	三年	七年	九年
				石甲保	巴彥保
	保山	蘇林保			
				齊吉克圖右翼蒙古	博存保
	音德保				
			巴欽保		
		尼音佈		永德	石甲保
塔金太旗頭 雙保旗頭	塔爾必善旗頭				章吉保
			珠都二旗		

十年	十一年	十二年	十三年	十四年	十七年
		舒明阿			福昌
	南海				
左翼蒙古		穆隆阿	常德	倭爾吉 右翼蒙古	佛保
四南		依勒章阿			法淩阿
托納					
					丙綳阿
頭旗		喜淩阿 二旗	富色恩 保頭旗		五十六
				定保頭旗 董福頭旗	富僧額

	十八年	二十年	道光三年
			納淩阿
	德成		吉成阿
齊齊哈爾右翼蒙古		倭爾吉右翼蒙古	舒通阿 金才左翼蒙古 明保右翼蒙古
			法淩阿
			德淩阿
		武爾功太	武勒滾太
頭旗		倭克精額頭旗	武綳阿頭旗 巴爾精阿二旗
頭旗			托金太頭旗 農吉佈二旗

四年	五年	六年	七年	十年	十二年
				達穆丹 金保	吉淩
蘇淩額	富勒渾保右翼蒙古	哈豐阿			
博勒洪額				興保	
				花尚阿	
吉林保頭旗			承謙二旗		
淩善頭旗			富明阿二旗		

年	一	二	三	四	五	六	七	八
十三年		喜常阿				巴克坦佈		巴順頭旗 色普徵額二旗
十七年	穆克精額	巴唐阿	達林保右翼蒙古		蒙科		依常阿頭旗 色慶額二旗	和興額頭旗 托松阿二旗
二十一年	扎克達	巴唐阿	富倫 達凌阿	蘇勒芳額	魁福	圖桑阿	武爾慶阿頭旗 魁海二旗	舒雲頭旗 隆柱二旗

二十五年	二十八年	咸豐元年
常和	圖明阿	
哈分佈	淩保	通春
輯順 右翼蒙古 法淩阿 右翼蒙古 扎蘭保 右翼蒙古	柏唐阿	勝春 博勒和
	穆精阿	花沙佈
多隆武		
依常阿		多明額
舒英阿 頭旗 都隆阿 二旗	扎克桑阿 頭旗	
烏爾滾太 頭旗 海洪阿 二旗	金山 頭旗 慶恩 二旗	

	二年	三年	四年	五年	九年
		德永			
				阿克敦	
圖 右翼蒙古					景林
		積順			烏爾興 阿
				舒通阿	
	長壽頭旗 富興二旗				恒祿頭旗
			富良阿二旗 同慶二旗	托永二旗	

十年	十一年	同治元年	
		常魁	
勝安		保隆	成蘷左翼蒙古 法凌阿右翼蒙古
	德謙		
	金順		
	全福頭旗	達春二旗	
訥吉勒頭旗 托永阿二旗	達春頭旗	金山頭旗	

年								
二年			博勒和圖右翼蒙古				國祥頭旗	
四年			永慶			常海		桂林二旗
五年		杜隆阿			雙保			勒豐阿頭旗
六年			常在右翼蒙古				富勒松阿頭旗	
							花良阿二旗	
九年			常在				喜常阿	

	十年	十一年	十二年	十三年	光緒二年
	穆特亨				
				烏爾慶阿	
奇克唐阿 右翼蒙古		穆隆阿			
	烏爾慶阿			阿勒錦阿	成林
	扎勒豐阿				春和
二旗		成林 頭旗	富祥 頭旗		吉勒章阿 二旗
			連春 頭旗		

三年	四年	五年	六年
		富順	
		烏成（右翼蒙古）	成羣 連陞（左翼）
	德勝阿（頭旗）	額勒錦阿（頭旗）	
七十五（頭旗）		倭什洪額（頭旗） 岳克精額（二旗）	

年								
			蒙古					
七年					富興	銀亮		成德旗二
九年			成山					
十年	永慶							
十一年	廣成						惠福旗頭	
十二年	富祿		富陞		春海			
十三年			德豐阿					
			左翼蒙古					
十四年								保林旗頭
十五年	全安		奎祿右翼			凌順	雙林旗二	德亮旗二

			蒙古					
十六年			吉祥左翼 蒙古 運陞右翼 蒙古			西隆阿	德海旗頭	
十七年		德祿					德魁旗二	
十八年							勝林旗頭	訥蘇肯二旗以上據印冊

三姓佐領 康熙五十三年初編鑲黃正黃正白正紅四旗世管雍正十年增鑲黃正黃正白鑲白正紅鑲紅正藍鑲藍八旗公中於各旗分一二三牛彔

	康熙五十三年	五十七年
鑲黃旗	堪戴 由奇訥林赫哲部落努業勒氏哈資達編入任世管	
正黃旗	扎哈拉 由德新赫哲部落葛依克勒氏哈資達編入任世管	
正白旗	額普奇 由錫祿林赫哲部落胡什喀哩氏哈達編入任世管	德爾奇 額普奇子任世管
鑲白旗		
正紅旗	崇古喀 由奇訥林赫哲部落舒穆魯氏噶山達編入任世管	
鑲紅旗		
正藍旗		
鑲藍旗		

	五十八年	五十九年	雍正四年
			僧保堪戴
	阿穆奇喀扎哈拉子任世管雍正九年降調		
管雍正七年革			
		考瓦爾達崇古喀子任世管雍正九年降調	

	七年	九年
子任世管九年降調		色爾泰 僧保子任世管
		杜爾敦 阿穆奇喀子任世管
	穆錫那 德爾奇堂伯祖任世管九年降調	松阿哩 穆錫那孫任世管乾隆十一年故
		烏三保 考瓦爾達子任世管十一年故

十年

古斯哈任二牛彔公中
奇克西訥任三牛彔公中
噶胡勒任三牛彔公中
考烏爾達任二牛彔公中
航庫任二牛彔公中
吉爾侯任三牛彔公中
舒舒任一牛彔公中
克爾特和任二牛彔公中
察奇哩任二牛彔公中
喜悅爾格任三牛彔公中
巍哈那任二牛彔公中
尼坎任一牛彔公中
開奇哩任一牛彔公中
特馬除任二牛彔公中
寬他任一牛彔公中
楊保任二牛彔公中

按八旗公中佐領每旗又分一二三牛彔皆於是年增

十一年

滾畢烏三保口任一牛彔

	十二年	乾隆元年	二年	三年	七年
					古凌阿
	瓜拉孫任二牛彔公中				
世管		哈斯呼任三牛彔公中			
		海達蘭任二牛彔公中		諾特海任二牛彔公口	
					喀爾吉
			德岱任一牛彔公中		博霍爾

	九年	十年	十一年
		珠克德勒恩任三牛彔公中	
任二牛彔公中			莫克頭任二牛彔公中
			額爾綳額任二牛彔公中
	阿勒蘇蘭任二牛彔公中		
任二牛彔公中			
達二牛彔公中	阿斯哈任二牛彔公中		

十二年	十三年	十四年
		佰都杜爾 效子任一牛彔
那勒秀 滚畢口任一牛彔世管 尼新泰 任二牛彔公中		
		常德任二 牛彔公中
	僧保堪戴 子任一牛彔公中	

	十五年	十六年	十七年	十八年
	扎斯泰任二牛彔公中			
公中十五年革	董薩那任一牛彔世管			薩哩尼任三牛彔公中
	德森保松阿哩子任一牛彔世管	庫庫任三牛彔公中		
	額馬呼任三牛彔公中			
			那勒孫任一牛彔公中	祥吉任二牛彔公中
				碩多任一牛彔公中

二十年	二十一年	二十四年	二十五年
			法圖哩
			那金泰
			登努 三任
欽保 一任 牛彔公中	尼坎 二任 牛彔公中		
欽保 一任 牛彔公中至二十一年移撥			額林保
		貫法那 任一牛彔公中	

按鑲黃旗二牛彔正黃旗二牛彔正白旗二牛彔正紅旗三牛彔正藍旗一牛彔均於是年移撥拉林阿勒楚喀等處

	二十六年	二十七年	二十八年
色陳泰 子任一牛彔世管		圖倫保 法圖哩子任一牛彔世管	
任三牛彔公中	奇爾巴 任二牛彔公中		六十七 董薩那口任一
牛彔公中	德爾奇 額普奇子任一牛彔公中		
	和杜訥 任一牛彔公中	霍勒佈 任二牛彔公中	奴勒善 任二牛彔公中
			替新保 任二牛彔公中
			額勒和 德任一牛彔
任二牛彔公中			
	春班 任二牛彔公中		

		二十九年	三十一年	三十三年
			嘎勒哈 任三牛彔公中	
牛彔世管				
		富倫保 那勒秀子任一牛彔世管		穆克德
公中	圖勒哈 那任二牛彔 公中			
			扎新保 任三牛彔公中	

吉林通志卷六十五

	三十四年	三十六年	三十七年
	烏勒三任三牛彔公中		
			哈達那
		胡興阿德爾奇子任一牛彔世管	
	德勒蘇任一牛彔公中		
恩保富倫□任一牛彔世管	托精阿穆克德恩保子任一牛彔世管		
		文小任一牛彔公中	
	烏雅爾達任一牛彔公中		
		尼音察佈任二牛彔公中	

	三十八年	四十二年	四十三年	四十四年	四十六年
					穆勒泰
任三牛彔公中					
		八格 任三牛彔公中			
			博佈山 任一牛彔公中		
				倭克保 任二牛彔公中	
	庫庫 任二牛彔公中			武達奇 任二牛彔公中	
	吉爾頭 任二牛彔公中		殿斗 任二牛彔公中		

	四十七年	四十九年	五十年	五十一年
任三牛彔公中				賓利圖倫
		巴彥保任三牛彔公中		
	錢保任三牛彔公中		舒倫保任三牛彔公中	
	瓦音保任二牛彔公中	巴林保任一牛彔公中		
			花連保任一牛彔公中	
	德克精額任二牛彔公中			
	三喜任一牛彔公中　戰泰任二牛彔公中	烏保任一牛彔公中		金柱任一

	五十二年	五十三年	五十六年	五十八年
保子任一牛彔世管				巴隆武
	武達孫任三牛彔公中		西郎阿六十七子任一牛彔世管	嘎爾善
				科興阿
				額勒錦
				烏勒滚
		七十一任一牛彔公中		
牛彔公中				金德一任

		六十年
任三牛彔公中		
西郎阿口任一牛彔世管		和陞額任三牛彔公中
胡興阿弟任一牛彔世管	烏勒三科興阿口任一牛彔世管嘉慶三年改爲公中 明德任三牛彔公中	
		阿林保任一牛彔公中
托精阿子任一牛彔世管		
保任一牛彔公中	郭新保任二牛彔公中	
牛彔公中	綏和那任二牛彔公中	

嘉慶二年	三年	六年
烏運保任三牛彔公中		
	巴彥保任一牛彔旋改世管爲公中 六保一任牛彔公中	達春三任牛彔公中
富德一任牛彔公中		
扎克丹保任二牛彔公中		
	巴善二任牛彔公中	
德克金保任一牛彔公中		

七年	八年	十一年	十三年
三奇喀 任三牛彔公中	依林保 任三牛彔公中	舒明阿 任三牛彔公中	
瑪爾洪 阿嘎爾善子 任一牛彔世管		富勒運 任三牛彔公中	
		春歷保 任一牛彔公中	
		德克錦 任一牛彔公中	盧勒喜
富珠隆額 任一牛彔公中 和綳額 任二牛彔公中			
英歷額 任一牛彔公中			

	十四年	十五年
	巴彥保 任三牛彔公中	
		馬昌阿 任三牛彔公中 吉爾張阿 任一牛彔公中
任一牛彔公中 常在 任二牛彔公中	車楞額 任一彔公中	
	哈達蘇 任二牛彔公中	巴勒吉揚阿 任一牛彔公中
		春陞保 任二牛彔公中
		丁福 任一牛彔公中

十六年	十七年	十八年	二十年
	西勒胡蘭 瑪爾洪阿子任一世管牛彔		
卧永武 任一牛彔公中			慶壽 任二
色克錦保 任二牛彔公中			
		內緥額 任一牛彔公中	

	二十一年	二十二年	二十四年
	烏爾德山任三牛彔公中	音德佈賓和子任一牛彔世管	
			富珠哩西勒胡蘭子任一牛彔世管
牛彔公中	扎克杜哩任二牛彔公中		
			德勝任二牛彔公中 和綳額
	德青任二牛彔公中		

吉林通志卷六十五　三二

	二十五年	道光元年	二年
	石保任二牛彔公中	車勒欽保任二牛彔公中	
	色克錦保任二牛彔公中		烏勒胡山任二牛彔公中
任二牛彔公中		托精阿任二牛彔公中	

八年	七年	六年	五年	三年
	德克精阿 任三牛彔公中			
嘎爾炳	博爾洪阿 任三牛彔公中			
				木特佈 任三牛彔公中
吉忠額		和興額 任二牛彔公中		
	索昌勒額 錦子任一牛彔世管			
		富清 任二牛彔公中		
			西淩阿 任二牛彔公中	
		儨依佈 任一牛彔公中		

	十年	十一年	十二年
阿任三牛彔公中			
		伊克唐阿任二牛彔公中	伊昌阿任三牛彔公中
任二牛彔公中			永安任一牛彔公中
	花尚阿任二牛彔公中		
			富謙任一牛彔公中
			穆特佈任二牛彔公中
	依淩阿任一牛彔公中		色普精額任一牛彔公中

十三年	十四年	十六年	十七年
			台斐凌
		胡松阿 任三牛彔公中 唐蒙阿 任三牛彔公中	
富克德安 任一牛彔公中		多隆武 任一牛彔公中	花凌阿
			永謙 任一
	托明阿 任一牛彔公中	法什尚阿 任二牛彔公中	

	十八年	十九年	二十年
阿滿洲旗正白任世管条三牛由公中轉琿春			
任一牛条公中			吉祥一任牛条公中
牛条公中	扎隆阿任二牛条公中		烏爾恭額任一牛条
	阿昌阿任二牛条公中	台祿三任牛条公中	
			成山一任牛条公中

	二十一年	二十二年	二十三年
		達普庫音德哩佈子任一牛彔世管	
	慶恩富珠哩子任一牛彔世管		
	淩海一任牛彔公中		
			會福一任
		舒和二任牛彔公中 富尼揚阿任二牛彔公中	
公中			關保二任
		舒隆阿任二牛彔公中	

吉林通志卷六十五 三

	二十四年	二十五年	二十六年
		富克精阿 任三牛彔公中	
		托林 任一牛彔公中 扎曾 任二牛彔公中	薩英額 任三牛彔公中
牛彔公中	圖瓦奇 彥圖 任一牛彔公中	凌祥 任一牛彔公中	
牛彔公中			
		博忠武 任二牛彔公中	

三十年	咸豐元年	二年	三年
	色克吞任三牛彔公中		
	慶恩富珠哩子任一牛彔世管		
		巴凌阿任三牛彔公中	富尼雅罕任三牛彔公中
			依精阿任二牛彔公中
貴興任二牛彔公中		春德任二牛彔公中	

四年	五年	六年	七年
		慶春三任牛彔公中	雙和三任牛彔公中
		戰任三任牛彔公中	
祥安一任牛彔公中			
慶安二任牛彔公中	諾洪額素昌子任一牛彔世管		
			德珍任牛彔公中
		春福二任牛彔公中	阿克東阿任一牛彔公中

八年	九年	十年	十一年
			貴陞三任
		那斯洪阿三任牛彔公中　富祥三任牛彔公中	
			台敏圖
常德二任牛彔公中	烏淩阿二任牛彔公中		依昌阿
	保清二任牛彔公中	依勒格佈一任牛彔公中	
富僧額二任牛彔公中			松常二任
	和常一任牛彔公中	諸爾吉一任牛彔公中	

	同治元年	二年	三年	四年
牛彔公中			常明一任牛彔公中	
		富順三任牛彔公中		
任一牛彔公中			常興三任牛彔公中	
任二牛彔公中	依克唐阿任二牛彔公中			魁福二任
	富興二任牛彔公中	文哲佈訥洪額子任一牛彔世管		
	恒保一任牛彔公中			德昌一任
牛彔公中				
				永德一任

	五年	六年	七年
	德永三任 牛彔公中		春淩二任 牛彔公中
		德青三任 牛彔公中	
牛彔公中			烏勒德山任二牛彔公中
	儂英阿任二牛彔公中		
忠壽二任 牛彔公中 牛彔公中	雙福二任 牛彔公中		
		七十六任二牛彔公中	
牛彔公中	德林二任 牛彔公中		

八年	九年	十年	十一年
			青廉三任牛彔公中
		吉祥三任牛彔公中	
		博青額任一牛彔公中	
	富祥二任牛彔公中　雙勝二任牛彔公中		恩祥二任牛彔公中
			喜崐三任牛彔公中是年
承順二任牛彔公中			

十二年	光緒元年	二年
富成 三任 牛彔公中	訥蘇肯 慶恩子任一牛彔世管十一年引見 勝魁 三任 牛彔公中	隆貴 三任
春山 一任 牛彔公中	亮山 三任 牛彔公中	
	順喜 一任 牛彔公中	
	連奎 二任 牛彔公中	
增		額特佈

吉林通志卷六十五　三乙

	三年	五年	六年	七年	八年
牛彔公中					台陞三任
	全亮一任牛彔公中				烏爾滚
		順霖二任牛彔公中		成山一任牛彔公中	托錦一任
	阿察奔任二牛彔公中				
	恩福一任牛彔公中	喜忠一任牛彔公中		德祿二任牛彔公中	
任二牛彔公中					
		成安一任牛彔公中	英林二任牛彔公中		

	九年	十年	十一年	
牛彔公中	和順三任牛彔公中	德林三任牛彔公中		
佈一任牛彔公中 牛彔公中				
			薩炳阿二任牛彔公中 常福一任牛彔公中	
	常連二任牛彔公中			
			富清一任牛彔公中	

十三年	十四年	十五年	十八年
春喜三任牛彔公中			色爾秋任一牛彔公中
	魁淩一任牛彔公中		
	西昌阿任二牛彔公中		
		全有一任牛彔公中	全安二任牛彔公中以上皆據印冊
貴成三任牛彔公中		恩魁二任牛彔公中	

吉林通志卷六十六

職官志九　國朝表六

阿勒楚喀佐領 原設八旗七缺其一以防禦兼委光緒八年增由初設至同治四年任人無考

	鑲黃旗	正黃旗	正白旗	鑲白旗	正紅旗	鑲紅旗	正藍旗	鑲藍旗
同治五年	桂全	魁順	慶喜	烏爾卿	烏勒喜	永祥 以防禦兼任	色克精	永德
				阿	佈		額	
六年	富尼雅							
	幹							
七年	全保	承順						
八年		全林		富祥				

九年	十年	十一年	十二年	十三年	光緒元年	二年
				桂全再任		
		訥依綳阿				
		明陞		哈豐阿		
			常春			
	慶喜	蘇勒通阿			慶德	
						珠爾松
蘇勒通阿十一年調正紅旗						恩祥
						永惠

	三年	四年	五年	六年	七年
			春喜		
			花良阿		全恆
		永海	永陞		烏爾滚
				德恆	
			桂全		
阿以防禦兼任	勝林以防禦兼任	訥蘇肯以防禦兼任		金成以防禦兼任	
	連仲	全福			常山

	八年	九年	十一年	十二年
				亮山
佈	魁常滿洲鑲白旗人			
				恆勳
		玉慶滿洲鑲紅旗人		
	巴彥佈以防禦兼任尋改增實缺 喜壽 全榮			
	清廉 金成		雙亮	
				和順

	十三年	十四年	十五年	十六年		十七年	十八年	
				永慶				
	慶和		德雲				玉壽	
						依薩佈		
雙海			慶春	富順				
				吉立杭	阿			
			安陞			雙成		
		恒春	德精額	文亮				
	台祥		八十					

琿春佐領 初編鑲黃正黃正白三旗爲世管同治九年增鑲白正紅鑲紅三旗爲公中其正藍鑲藍二旗以防禦兼委光緒十二年改增實缺

旗	康熙五十三年	雍正二年
鑲黃旗	巴克亶 由那山達編入任世管乾隆十七年出缺	
正黃旗	達巴庫 由嘎山達編入任世管雍正二年出缺	道奇沙
正白旗	莽柱 由嘎山達編入任世管 依西喜達 任世管乾隆十一年出缺	
鑲白旗		
正紅旗		
鑲紅旗		
正藍旗		
鑲藍旗		

	乾隆元年	十年	十一年
任世管乾隆元年出缺	掃奇沙任世管十年出缺	德勒蘇任世管十五年革暫爲公中	
			雅比那任世管二十四

	十六年	十七年	二十四年
		阿松阿 任世管二十四年出缺	德勝額 任世管三十八
	訥勒佈 任公中由防禦揀放二十四年出缺缺		賡音佈 任公中三十年
年出缺			特興額 任世管三十九

	三十年	三十八年	三十九年
年出缺		托莫洪武 任世管嘉慶八年改名托克通阿	
出缺	賁松阿 任公中三十八年出缺	章古山 任公中四十一年出缺	
年出缺			特英額 任世管嘉慶二

	四十一年	四十五年	四十九年
	初巴習 任公中四十五年出缺	索莫理 任公中四十九年出缺	倭特山 任公中嘉慶八年出缺
十年出缺			

嘉慶八年	十一年	十五年	二十年
莫爾賡額 任世管二十四年出缺			
扎瑚岱 任公中十一年出缺	額爾德山 任公中十五年出缺	淩官保 任公中道光二年出缺	
			額騰阿

	二十四年	道光元年	二年
	淩志 任世管咸豐元年出缺		
			克興額 任公中三年出
任世管道光元年出缺		台斐英阿 任世管同治十二年出缺	

年份	人員
	缺
三年	興保 任公中十三年出缺
十三年	烏永阿 任公中十五年出缺
十五年	常祿 任公中十六年出缺
十六年	德昌 任公中十七年出缺

十七年	十八年	二十四年
明陞任公中十八年出缺	烏崇阿任公中調 烏爾清額任公中二十四年出缺	嘎爾剛阿任公中咸豐九年出缺

咸豐元年	九年	十一年	
德玉 任世管光緒十七年故	松恆 任公中十一年出缺	泰敏圖 任公中調	溫崇阿 任公中光緒十年出缺

同治九年	十一年	光緒二年
富全 增公中任光緒三年出缺		
文福 增公中任光緒二年出缺		阿察賁 任公中三年出缺
慶德 增公中任十一年出缺	穆克登額 任公中光緒六年出缺	
四德 增公中以防禦揀委光緒二年出缺		托倫托哷 以防禦揀委公中七年出缺
玉慶 增公中以防禦揀委光緒九年出缺		

三年	六年	七年	八年
全有任公中十六年出缺			
	雙勝任公中八年出缺		永德任公中十七年陞五常堡協領
		恆勳以防禦委任公中十一年出缺	

九年	十年	十一年	十二年
	雙成任公中		
		榮陞以防禦揀委公中十二年改實	春陞由甯古塔調任公中
貴山以防禦揀委公中十二年改實			桂山由委佐領補公中

烏拉佐領

	乾隆五年
鑲黃旗	阿薩哩滿洲鑲黃旗人五月二十三日授　富山滿洲正白旗人五月二十三日授七年六月致
正黃旗	胡西那滿洲鑲黃旗人五月二十三日授　愛山滿洲正黃旗人五月二十三日授十五年致
正白旗	新標滿洲鑲黃旗人五月二十三日授九年二月致
鑲白旗	愛薩阿滿洲正紅旗人五月二十三日授七月故　德克德恩滿洲鑲黃旗人七月十三日授十五年八
正紅旗	八岱滿洲正白旗人五月二十三日授十四年四月陞
鑲紅旗	精奇訥滿洲鑲黃旗人五月二十三日授九年九月陞
正藍旗	戴圖蘭滿洲正白旗人五月二十三日授七年四月解
鑲藍旗	柏色尼滿洲鑲白旗人五月二十三日授九年七月解

	七年	九年
	斐奇哩　滿洲正黃旗人六月二十一日授十五年三月致	
		岱楚　滿洲鑲白旗人二月十四日授十二年閏三月解
月歴		
		巴克圖　滿洲鑲紅旗人九月十四日授二十五年解
	恆格哩　滿洲正藍旗人四月十五日授十七年二月故	
		對順　滿洲鑲藍旗人七月二十五日授二十四年三月解

十二年	十四年	十五年
		穆克德
		四格滿洲
奇格滿洲正白旗人閏三月初九日授十七年三月解		
		鄂蘭泰
	愛薩哈滿洲鑲藍旗人四月二十一日授二十年六月解	

	十七	二十年
恩保 滿洲鑲紅旗人三月十五日授十七年故	哈達那 滿洲正紅旗人四月初六日授二十二年解	
正黃旗人五月十三日授三十年五月致		
	葛祿德 滿洲鑲藍旗人三月初九日授二十年二月解	愛薩哩 滿洲正紅旗人
滿洲正白旗人八月初六日授三十四年二月解		
		哈達奈 滿洲正藍旗人
	佛索哩 滿洲鑲黃旗人二月十五日授二十年七月致	關保 滿洲正藍旗人七月

	二十二年	二十三年
	富爾胡那滿洲正黃旗人六月十一日授二十五年解	
二月初九日授二十四年解		
六月初十日授二十三年解		喜虎滿洲正黃旗人四月十五日授二十
初八日授二十二年解	鄂庫奇滿洲鑲紅旗人二月二十日授二十五年解	

二十四年

二十五年

阿林保

同海滿洲鑲白旗人二月初一日授十九日解

張塔滿洲鑲白旗人二月十九日授三十二年十一月解

六年解

富琿滿洲

富爾琿

博祿滿洲鑲黃旗人三月初七日授十月二十七日轉

那山保滿洲鑲藍旗人十月二十七日授三十六年致

	二十六年	二十七年
滿洲鑲黃旗人七月二十六日授三十六年解		
	色林保 滿洲鑲黃旗人二月初一日授三十一年解	
鑲紅旗人七月初三日授二十九年正月解		
滿洲鑲紅旗人七月二十日授二十六年解	薩勒洒 滿洲正白旗人十月十三日授二十七年致	丁柱 滿洲鑲藍旗人八月初二日授三十

年二月解

二十九年

富勒胡那 滿洲鑲白旗人正月授三十四年解

三十年

鎖桂 滿洲正白旗人五月二十三日授三十四年二月解

滿新 滿洲鑲黃旗人二月十六日授三十九年解

三十一年

阿林保

	三十二年	三十四年
		色林保 滿洲鑲黃旗人二月十六日授
	發保 滿洲正藍旗人十一月十六日授三十六年四月解	
		王什保 滿洲鑲黃旗人二月初十日授
滿洲正黃旗人三月十六日授四十五年陞		
		爾都哩 滿洲鑲黃旗人九月初三日授

	三十六年	三十九年	四十四年
	達三泰 滿洲鑲白旗八十二月初七日授四十四年致		舒圖保
四十四年陞			八十九
	富格 滿洲正白旗人四月初十日授四十八年致		
五十年陞			
四十四年致			色普那
		撮普太 滿洲正白旗人四月十七日授五十三年解	
	五岱 滿洲正白旗人四月初十日授四十四年陞		海青 滿洲

	四十五年	四十八年
滿洲鑲白旗人五月初四日授五十六年解		
滿洲正紅旗人五月初十日授五十四年陞		
		托孟阿 滿洲正藍旗人五十一年陞
	德山 滿洲正紅旗人十二月十三日授五十三年七月陞	
滿洲正藍旗人十一月初七日授四十八年陞		色精額 滿洲鑲藍旗人六月授四十九
鑲藍旗人五月初四日授五十四年陞		

	四十九年	五十年
		達勒瑪山 滿洲鑲白旗人十二月授嘉慶七年解
年故	阿揚阿 滿洲鑲紅旗人十二月授嘉慶十二年致	
		雅三泰 滿洲正黃旗人七月授五十四年調轉阿勒楚喀

五十一年	五十三年	五十四年
		喀爾勤 滿洲正黃旗人十月授五十五
		舒林保 滿洲鑲紅旗人七月由阿勒楚
淩山 滿洲鑲白旗人三月授嘉慶十年解		
	佈蘭泰 滿洲正紅旗人七月授六十年解	
	莫庫哩 蒙古正白旗人三月授嘉慶四年解	

	五十五年	五十六年	六十年
年調		烏林保 滿洲鑲黃旗人十月授嘉慶二十一年致	
喀轉嘉慶十年致	花山 滿洲鑲藍旗人五月授六十年致		胡新保
			明德 滿洲

嘉慶四年	六年	七年
滿洲正紅旗人三月授嘉慶九年解		
		明德滿洲
鑲紅旗人三月授嘉慶七年解		依林保
	富森泰滿洲正藍旗人七月授六年解	勝恩滿洲鑲黃旗人五月授八年解

八年

正藍旗人七月授十二年陞

滿洲鑲黃旗人三月授十一月調轉

舒勒敦 滿洲正紅旗人十一月授十六年致

色奇訥 滿洲鑲白旗人六月授十五年

	九年	十年	十一年
	富尼揚阿 滿洲鑲紅旗人九月授道光十二年陞		
		烏淩德 滿洲正白旗人八月授十一年調伯都訥	蔭德保
解			
		和常 滿洲鑲藍旗人三月授十五年轉	

	十二年	十五年
滿洲正藍旗人二月由伯都訥調十五年轉回		依常阿 滿洲正黃旗人四月授道光十
	穆隆阿 滿洲正藍旗人六月由伯都訥調十五年轉回	達春 滿洲鑲藍旗人十二月初十日授十
	富祿 滿洲鑲紅旗人五月授道光十七年致	
		富森佈 滿洲鑲藍旗人七月由伯都訥
		達春 滿洲鑲紅旗人十二月初六日授十

	十六年	十七年
一年解		
六年五月故	五十五滿洲鑲黃旗人五月授二十二年十一月故	
	南海滿洲鑲藍旗人二月由伯都訥轉	安楚拉
調九月轉回 塔青阿滿洲鑲黃旗人九月授道光元年解		
九年七月故		

	十九年	二十一年
		邑普青額 滿洲正白旗人六月由拉
滿洲正白旗人十二月授二十一年陞		龍桂 滿洲鑲紅旗人七月由拉林轉道光
	圖明阿 滿洲鑲紅旗人七月由甯古塔調道光二年致	

	二十二年	二十三年
林調道光四年解		
	依勒章阿滿洲正紅旗人十一月授二十三年陞	喜凌阿滿洲正藍旗人九月由伯都訥調道光七年陞
元年故		

道光元年	三年	四年
		富春 滿洲鑲黃旗人四月由琿春調十二
依郎阿 滿洲鑲紅旗人五月授五年解		
永順 滿洲鑲白旗人十二年致		
	榮明 滿洲鑲黃旗人四月由吉林轉九月致	

年解

五年

都隆額　滿洲正黃旗人八月授十八年致

七年

富珠隆阿　滿洲鑲黃旗人十二月由拉林轉十年

九年

富成阿

	十年	十一年
		雙福 蒙古正藍旗人七月授十二年轉吉林
	永謙 滿洲鑲藍旗人七月授十五年故	
滿洲鑲紅旗人六月授十七年故		

十二年	十五年	十七年
奇淩 滿洲 鑲黃旗人十二月授二十四年故		
富倫泰 □□正黃旗人三月由額穆赫索羅轉十七年故		佗松阿
烏勒登額 滿洲鑲黃旗人二月由吉林轉二十年解		
	烏永阿 滿洲正藍旗人二月由琿春轉十八年年陞	
		郭興阿
擔金保 □□鑲黃旗人正月由伯都訥轉二十年解		
		依祿 滿洲

	十八年	二十年
口口正黄旗人十一月由伯都訥轉二十二年解		
		烏爾青
	胡松阿 口口正黄旗人十月由額穆赫索羅轉二十四年解	
	和興額 滿洲正白旗人三月由伯都訥轉二十五年解	
滿洲正白旗人十月由阿勒楚喀轉二十年陞		富隆阿
		倭勒精
正黄旗人九月授二十七年解		

	二十二年	二十四年
		富倫 滿洲正藍旗人四月由伯都訥轉咸豐元年致
阿 滿洲鑲黃旗人六月授二十四年解		吉順 滿洲正白旗人九月授咸豐九年致
		恆吉 滿洲鑲藍旗人三月由三姓轉咸豐六年革
	舒和 滿洲正黃旗人五月授咸豐七年解	
滿洲正藍旗人二月授二十五年解		
額 滿洲正黃旗人五月授二十四年解		都恆 滿洲鑲白旗人二十五年解

二十五年	二十七年	咸豐元年
		都隆阿 滿洲鑲藍旗人
倭克錦 蒙古正藍旗人三月授咸豐元年六月調轉		常明 滿洲鑲紅旗人六月
台祿 漢軍正紅旗人二月授同治元年致		
凌海 滿洲正白旗人正月授咸豐元年致		花薩佈 滿洲鑲白旗人
	依成額 滿洲正白旗人八月授咸豐五年致	

	四年	五年	六年
九月由伯都訥轉八年陣亡			
授四年陞	安福 滿洲正黃旗人五月授同治二年故		
			烏勒德恩 漢軍鑲黃
九月由伯都訥轉六年調回			全福 滿洲正藍旗人正月
		七十六 滿洲鑲藍旗人七月授七年故	

七年

旗人三月授八年致

由阿勒楚喀調同治元年轉回

八年

隆三滿洲

富平阿

依精阿滿洲鑲藍旗人六月授八月轉

魁亮滿洲鑲藍旗人八月由吉林轉同治九年解

祿山漢軍正紅旗人由雙城堡轉十年致

	九年	十年
鑲黃旗人十一月由阿勒楚喀轉十一年解		
	金祿 滿洲鑲黃旗人九月由甯古塔轉同治三年解	
蒙古鑲白旗人十月授同治二年轉		
		阿克棟 滿洲 阿 鑲藍旗人三月由三

	十一年	同治元年
	海明 滿洲 正白旗人十二月由拉林轉同治元年解	雙魁 滿洲 正白旗人五月授五年年革
		魁英 滿洲 正紅旗人光緒元年轉吉林
		達祿 □□ 正白旗人二月授五年致
		全福 滿洲 正藍旗人正月授五月陞 英春 滿洲
姓轉同治六年致		

	二年	三年
	常德 滿洲鑲藍旗人三月由拉林調七年轉吉林	
		舒明 滿洲鑲黃旗人二月由拉林調八年解
	舒亮 滿洲正白旗人六月授三年陞	慶春 漢軍鑲白旗人五月授四年致
正黃旗人五月授八年致		

四年	五年	六年
	鳳翔 滿洲正藍旗人四月授九年致	
常魁 滿洲鑲黃旗人三月由伯都訥調轉五年六月陞	德青 滿洲鑲白旗人六月授六年轉三姓	忠壽 滿洲鑲黃旗人四月由三姓轉十一
	達哈蘇 滿洲鑲黃旗人十月授九年故	
		維成 滿洲正黃旗人二月授十一年致

七年	八年	九年
		烏爾德
春滿滿洲鑲白旗八十一月由吉林轉光緒七年陞		
	富全滿洲鑲黃旗八五月授九年轉	魁福滿洲
		隆貴滿洲
	常林滿洲鑲紅旗八四月由拉林轉光緒二年陞	

山滿洲正藍旗八九月授光緒四年革

鑲白旗八六月授光緒元年陞

正黃旗八七月授光緒十二年故

十一年

平安滿洲正白旗八四月由額穆赫索羅轉光緒七年休致

慶德滿洲正黃旗八十二月由琿春轉光緒二年陞

光緒元年

富慶滿洲鑲黃旗八七月

連春滿洲正黃旗八十二

二年	三年	四年
		雙玉 滿洲鑲黃旗人二月
授九年解		
月出伯都訥轉		
吉勒章阿 滿洲鑲黃旗人七月授三年轉	富通山 滿洲正藍旗人三月授四年陞	
丁喜 漢軍鑲黃旗人正月由拉林轉十年十二月革		永陞 滿洲鑲黃旗人十二

	七年	九年	十年
授十三年致			
	保成滿洲正紅旗八十一月由琿春調十二年陞		
		依陞阿滿洲正藍旗八九月授十四年故	
	春滿滿洲鑲白旗八十一月由正黃旗轉十年十二月陞		常祿滿洲
			依陞阿
月授十年故			愛隆阿

	十二年	十三年
		銀亮漢軍鑲黃旗人八月由伯都訥鑲紅
	凌全滿洲鑲紅旗人五月由拉林鑲藍旗轉	
正白旗人二月授十三年故		魁常滿洲正白旗人八月由阿勒楚喀正
	裕慶漢軍正紅旗人六月由阿勒楚喀正紅旗轉	
滿洲正白旗人七月授		
滿洲正黃旗人十二月由琿春調十二年陞	祥雲滿洲正黃旗人四月由琿春春轉	

旗轉

白旗轉

十四年

常祿 滿洲 鑲黃旗人二月由甯古塔正白旗轉

恆勳 滿洲 正藍旗人十月由阿勒楚喀鑲白旗轉

十□年

雙林 滿洲 正藍旗人□月由伯都訥正藍旗轉以上據印冊

額穆赫索羅佐領年任無考

莫𢀳那

文普

哈那福

𢀳勒虎德

來哩柯

扎拉分

烏崩額

多倫保

富勒松

德吉善

霍倫保

舒英阿

薩林

平安滿洲正白旗人

惠壽

慶魁

恩齡

多明阿

惠福

伊通佐領原設正黃鑲黃二缺由初設至同治四年任人無考

	同治四年	六年	十三年	光緒四年	五年	六年	八年
鑲黃旗	三慶				恩福		
正黃旗	岳忠阿	賽沙侑	果興阿	文輝		春海	佛爾卿 額

年份								
十二年					永輝			
十五年	德精額							
十七年					德亮			
十九年	明德				富勒吉			
					揚阿			

雙城佐領 由初設至同治四年任人無考

	同治五年	六年	七年	八年		十二年	光緒元年	
鑲黃旗								
正黃旗								
正白旗	托錦							
鑲白旗			常泰	色克精	額		烏爾興	保
正紅旗				興祿				
鑲紅旗						世興		
正藍旗		恆靜						
鑲藍旗						安祥		

三年				全德	莫爾賡額 薩凌阿			
五年							達春	
六年					趙陞			
七年						富祈		
九年								安恒
十二年				喜勝				
十四年					永安			

五常堡佐領

年份	鑲黃旗	正黃旗
同治八年	魁亮	倭什琿
光緒元年		慶德　松年
二年	烏倫保	倭什琿　薩凌阿
三年	艾隆阿　石柱	恩祥
四年		常山

年								
五年					富泰			
六年	廣成							
七年					永海 德恆			
八年	舒淩阿							
九年					春明			
十年	和俊							
十五年	根陞 胡松阿							
十六年					德明阿			

拉林佐領由初設至同治四年任八無考

旗	同治五年	六年	七年
鑲黃旗	淩祥　德豐阿		春陞世襲雲騎尉
正黃旗	爾錦保		
正白旗	舒亮　達哈蘇		全山世襲雲騎尉
鑲白旗	達哈蘇　銀勝	阿克棟　阿　銀勝	銀勝
正紅旗	德豐阿		來祥以倉官署
鑲紅旗	常林　銀勝以防禦署七年解		春陞
正藍旗	雙喜	闊泰	
鑲藍旗	海山	雙喜世襲雲騎尉	海山

八年	九年	十年	十一年
淩祥			富成 春恒以防
雙陞以驍騎校署	爾錦保		
花良阿 喜山以驍騎校署		台斐英阿	
雙喜世襲雲騎尉	銀勝		
關泰	富倫以驍騎校署	丁喜 富倫以驍騎校再署	英福未任 上
魁英			
雙陞以驍騎校署	關泰		
海祿		孫章阿世襲雲騎尉	海祿

	十二年	十三年	光緒元年	二年	三年
禦署	吉祥				
	明志	巴彥佈世襲雲騎尉	明志		
				全亮 和俊世襲雲騎尉	
		富常			
巴彥佈世襲雲騎尉	英福			富倫以驍騎校署	英福
		海祿由鑲藍旗轉			
					忠壽
		春恆			

四年	五年	六年	七年	八年
				花良阿
祥魁 雙喜世襲雲騎尉			廣成	雙魁以號
		春恒		德音
	巴彥佈世襲雲騎尉	海祿		
	依林世襲雲騎尉		忠壽	托倫托
		富常由鑲白旗轉	吉勒杭 阿	淩全

			驍校署	春恒			哷依勒杭阿以驍騎校署	雙春世襲雲騎尉
九年			永慶					
十年			海祿		海祿			
十一年		岳林 同亮世襲雲騎尉	雙魁以驍騎校署					
十二年	春恒			德音				

十三年	十四年	十五年	十六年
			連貴
	雙春世襲雲騎尉 英順		保成以驍
魁喜 富倫以防禦署			連貴
	馬亮 全林世襲雲騎尉		舒祥以驍
富永 同亮世襲雲騎尉		貴陞以防禦署	佛淩阿
全林世襲雲騎尉	海祿		
	明德		雙魁以驍
	雙成 佛淩阿世襲雲騎尉	胡圖淩阿以驍騎校署	

十七年	十八年
騎校署	
	雙魁以驍騎校署
騎校署	海祿是年署
世襲雲騎尉	
玉祥以驍騎校署	海祿回任
騎校署　明德	富倫

富克錦佐領光緒八年設

	光緒八年	十八年	
鑲黃旗	來慶滿洲正紅旗人		
正黃旗	潤普托滿洲鑲藍旗人	薩炳阿滿洲鑲紅旗人	
正白旗	順福滿洲正黃旗人		
鑲白旗			
正紅旗	春淩滿洲正黃旗人	全亮滿洲正黃旗人	
鑲紅旗			
正藍旗			
鑲藍旗			

邊門防禦	伊通	赫爾蘇	佈爾圖庫	巴彥鄂佛羅
道光十八年	富珠倫			
二十三年	富陞			
二十五年	富陞			
咸豐六年	尼音珠			
八年	承惠			
九年	明陞			
十年	慶祥			

	十一年	同治二年	五年	六年		九年	十年	
春和	明陞再任	慶雲	富興阿					
			春保				成林 德喜	
				雙陞	七十五	八十三	七十五再任	
			圖桑阿				多隆武以驍騎校署	圖桑阿

年份	一	二	三	四
十一年			德積 七十五三任	
十二年	恒春 依成額			
光緒元年			德祿 成福	恒勳
二年				石廉七月署八月補
三年			富勒吉揚阿	富祿世襲雲騎尉 石廉
四年		八十	成福	

吉林通志卷六十六

年				
五年		成林		祥林世襲雲騎尉
				雙和十一月以防禦署
七年			文慶	
八年	文魁	八十再署	德積再任	
		齡全		
		全有		
十二年		德亮		
十三年		全有再任		明春十一月以防禦署旋
				奉文補授
十四年		德順		

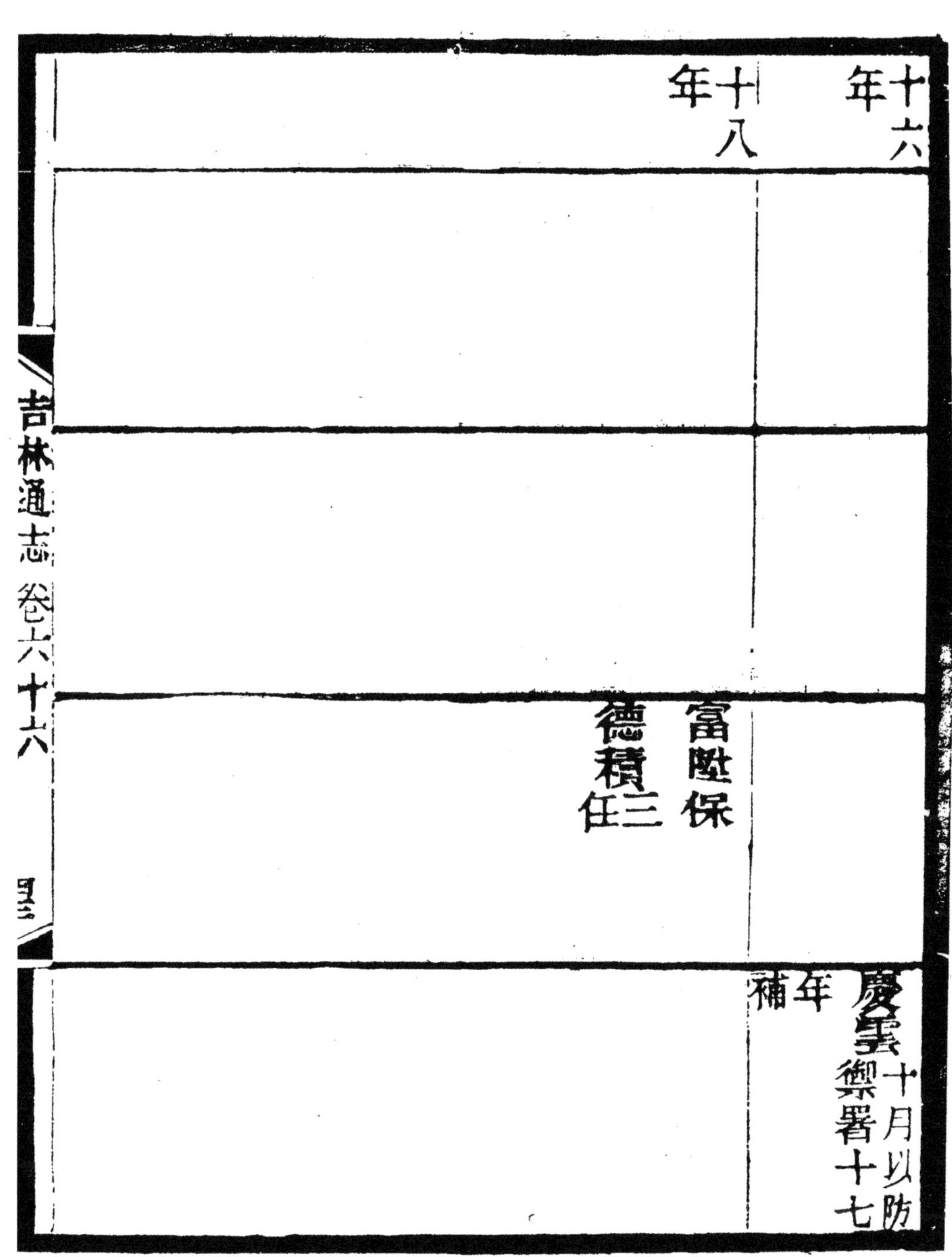

十六年	十八年
	富隆保 德積三任
慶雲十月以防禦署十七年補	

吉林通志　卷六十六　四三

烏拉打牲

	順治十四年	十八年	康熙七年	二十一年
總管	邁圖 初設屯長管採捕事務是年授六品掌關防職任	希特庫 邁圖子是年改陞四品職任 漢達爾漢 希特庫弟 穆登漢 滿達爾姪		
左翼翼領	額奇佈		額黑	
右翼翼領	希特庫	輝那		昂鈕

年			
三十一年		羅禪	
三十六年			穆哈那
三十七年	穆克登是年改陞三品		
雍正三年			烏林佈
六年			南泰
七年	穆珠祜穆克登子		
八年			色克圖
十三年		王三柱	多尼
乾隆四年			都達哩
五年		達揚阿	

六年			王達
八年	綏哈那		
十三年			巴克薩
十四年			那拉賽
十五年	巴格		
十六年		阿普薩	索柱
二十年	索柱		老格
二十五年		巴蘭泰	
三十年	永和		
三十三年		泰成	索柱再任

年份			
三十四年	索柱再任		依濬阿
四十五年			金奇霞那
五十一年	索柱以吉林副都統兼任		
五十三年	吉祿		
五十五年		安海	海福
五十八年		遜他哈	
五十九年			兆甯
嘉慶二年	吉祿以吉林副都統兼任		實福
五年		明德	
九年		爾德佈	

年	1	2	3
十一年			書明阿
十六年	爾德佈	佗克通阿	
二十四年	佗克通阿	博經額	
道光元年		德楞額	
七年			巴達色
十四年			奇成額
十八年	德楞額		
二十年	奇成額		
二十一年			書騰阿
二十三年	書騰阿		穆克登佈

二十四年		德克錦佈	
二十七年		書明	
三十年		依松額	花淩阿
咸豐元年	花淩阿		祿權
二年		花朗阿	
		蘇章阿	
四年	祿權		富有
十一年			巴揚阿
同治四年	蘇章阿	格圖鏗阿	
五年	巴揚阿		雲生

八年	格圖鏗阿	慶成	
十年	格圖鏗阿		
光緒六年	雲生		春慶
九年			富慶滿洲正白旗人
十一年		同海漢軍正白旗人	

吉林通志卷六十七

職官志十　國朝表七

	學政奉天府丞兼提督學政吉林士子向就試奉天同治十年始按臨吉林府	分巡道光緒八年設
同治九年	張澐卿雲南太和人咸豐壬子進士十年按臨吉林府	
十二年	張緒楷河南商城人咸豐庚申進士	
光緒元年	楊書香直隸武清人道光丁未進士	
三年	王家璧湖北武昌人道光甲辰進士	
五年	潘斯濂廣東南海人道光丁未進士	
八年	朱以增江蘇新陽人同治乙丑進士	顧肇熙江蘇吳縣人戊午舉人

十一年	楊頤廣東茂名人同治乙丑進士	孫瑨直隸清苑人咸豐丙辰進士以吉林府署
		豐仲泰滿洲鑲紅旗人
十三年	延茂內務府漢軍正白旗人同治癸亥進士	
十四年	延茂是年留	覺羅同勳滿洲正藍旗人以□□知府署
十五年		瑞霖滿洲鑲紅旗人
十六年		覺羅同勳以□□知府再署
十七年	張英麟山東歷城人同治乙丑進士	訥欽滿洲正白旗人丁丑進士四月任二十年授駐藏幫辦大臣
二十年	李培元河南祥符人同治戊辰進士　以上並印册	文韞滿洲正黃旗人是年七月署
		趙宗翰浙江山陰人是年十月署

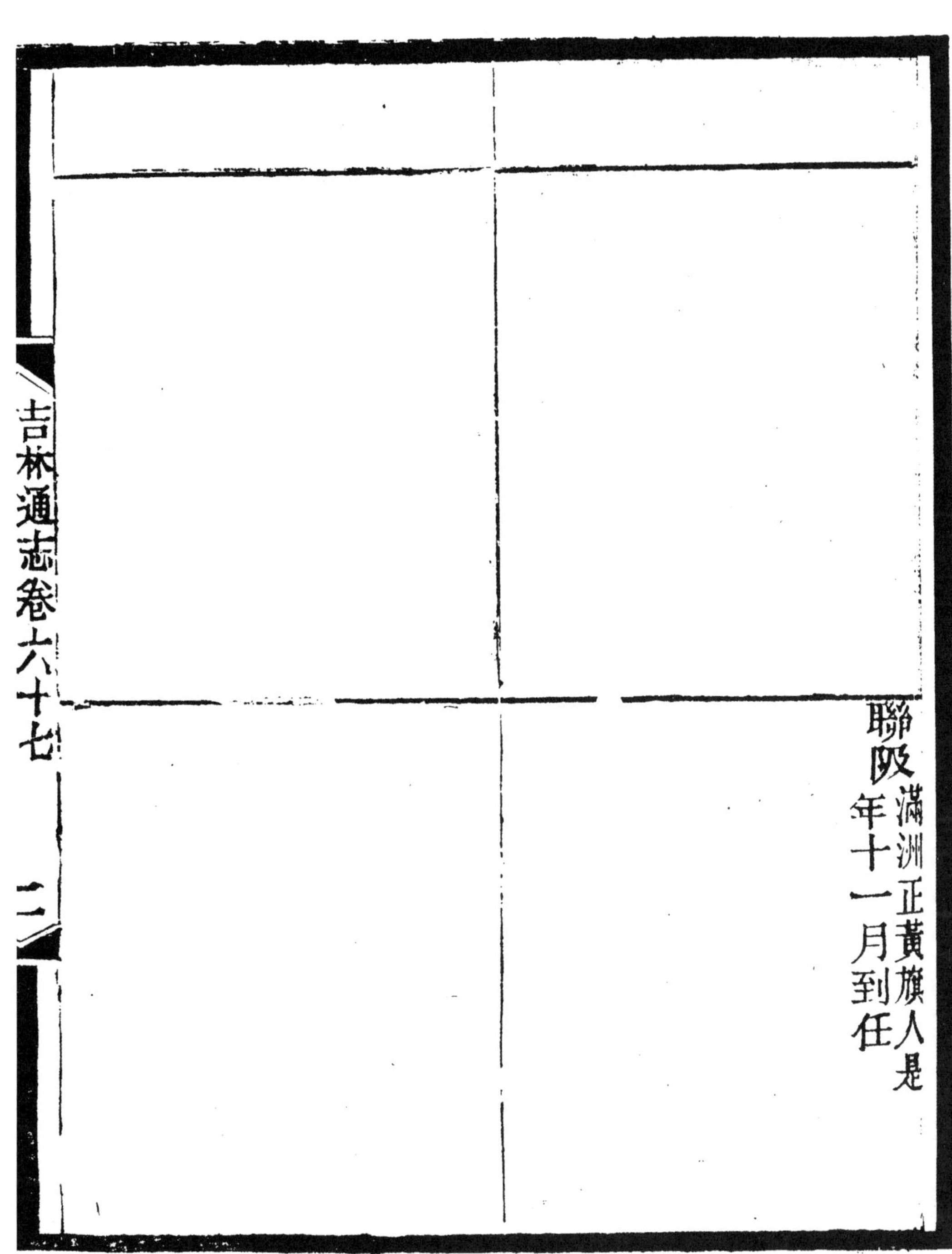

聯陞滿洲正黃旗人是年十一月到任

吉林府	雍正六年	七年	乾隆六年	九年
知府 府由知州改同知而陞表知府而以年次知州同知於前從其實也仍識以注從其名也	杜薰 四川重慶人進士任知州		魏士敏 直隸滄州人任知州以上永吉州知州	
教授 初設學正兼管伯都訥長甯縣學陞府改教授		王正 直隸趙州人選拔貢生任學正		
經歷 初曰永吉州吏目尋裁設巡檢陞府改經歷		王鏞 順天大興人任吏目 張學 順天大興人任吏目		王德烱 浙江山陰人任吏目

年	同知	學正	巡檢
十年		王際清 直隸深州人貢生任學正	
十二年	阿揚阿 滿洲正紅旗人任同知		
十四年			潘宏德 四川成都人任巡檢
十七年		張倬 漢軍正紅旗人任學正	
十八年		張蘊 直隸趙州人任學正	
十九年	長祿 滿洲鑲黃旗人任同知		
二十一年	羅庚 滿洲正藍旗人任同知	張篤信 直隸邢臺人任學正	
二十四年		邊茂林 直隸任邱人任學正	
二十七年	圖善 滿洲正白旗人任同知	張瑜 直隸磁州人任學正	
三十年		王恭 直隸宛平人任學正	

三十二年			金以權浙江會稽人任巡檢
三十三年		金世熊直隸天津人任學正	
三十四年	龐神保滿洲正紅旗人任同知		
三十五年	達哈佈滿洲鑲紅旗人任同知		
三十八年		安學元直隸贊皇人任學正	
四十年	那昌阿滿洲鑲黃旗人任同知		陳宗儒浙江諸暨人任巡檢
四十一年		宋開元直隸通州人任學正	
四十三年		胡惺直隸遷安人任學正	
四十四年	宗室玉柱正白旗人任同知		
四十七年			趙萬清順天大興人任巡檢

年份	同知	學正	巡檢
五十年		柴梅 直隸故城人任學正	丁鳳梧 順天大興人任巡檢
五十一年		孟人文 直隸延慶州人任學正	
五十二年	常齡 滿洲正藍旗人任同知		
五十三年	瑚唐阿 滿洲鑲白旗人任同知		
五十八年	富綸 滿洲鑲黃旗人任同知	董啟祥 直隸天津人任學正	
五十九年			陶家賓 順天大興人任巡檢
六十年		王丕振 直隸唐縣人任學正	柴斗佑 順天大興人任巡檢
嘉慶三年	碩隆武 滿洲正白旗人任同知		
六年		董啟祥 見前再任	
七年	舒成 滿洲鑲紅旗人任同知		

四

八年			丁榮祖順天大興人任巡檢
九年	白瑛滿洲鑲紅旗人任同知		
十一年	富元蒙古正黃旗人任同知		
十三年		孫鉽白直隸天津人任學正	
十六年			張繼武湖北江夏人任巡檢
十九年	富爾松阿蒙古鑲藍旗人任同知		
二十五年	覺羅錦珠勒滿洲鑲藍旗人覺羅官學生任同知	楊灝直隸昌平州人任學正	
道光四年			王治順天大興人任巡檢

五年		楊曰枏直隸獻縣人任學正	
九年	達慶□□□□旗人任同知	祁鎮直隸清苑人廩生任學正	
十一年	錦珠勒滿洲鑲藍旗人任同知		
十三年			祁鎮見上以學正兼署巡檢
十四年	福廣滿洲正藍旗人筆帖式任同知		
十五年	覺羅榮泰正藍旗人筆帖式任同知		
十七年	富尼雅杭阿□□□□旗人任同知	胡光祖直隸清苑人辛酉舉人任學正	
	慶年□□□□旗人任同知		

年份	同知	學正	巡檢
二十年	常山滿洲鑲白旗人官學生任同知	程儒珍直隸臨榆人辛巳舉人任學正	
二十三年	全福滿洲鑲藍旗人筆帖式任同知		
二十六年		王世勳直隸正定人戊子舉人任學正	
咸豐元年	安榮滿洲鑲黃旗人筆帖式任同知		
六年		李宣直隸阜平人庚子舉人任學正	
八年	阿昌阿滿洲正黃旗人筆帖式任同知		
十年	福謙滿洲正白旗人中書任同知		吳衍慶河南光州人任巡檢

年份	同知	學正	巡檢
同治二年		駱雲峰 直隸人丁酉舉人任學正	
六年		邵宗龍 直隸甯河人辛酉舉人任學正	
七年	安榮 見前再任同知		丁金源 浙江山陰人任巡檢
十年	恩禧 蒙古正藍旗人議敘任同知 倫敘 滿洲正白旗人中書任同知		
十二年		霍景隆 順天房山人乙未舉人任學正	
光緒元年	恩禧 見前再任同知		
三年	善慶 滿洲正白旗人進士任同知		

年	同知	學正	巡檢
五年	長青滿洲鑲白旗人署同知 善慶見前回任 毓綬滿洲鑲白旗人署同知		
六年	善慶見前		
七年	陳治湖南衡山人署同知 善慶見前回任	李文浩順天宛平人甲子舉人任學正	
八年	李金鏞江蘇無錫人是年改理事同知爲知府署	徐龍雲直隸任縣人戊午舉人任學正是年改學正爲教授 解延慶直隸慶雲人舉人	秦朝奎浙江山陰人署是年改巡檢爲府經歷 趙廉清直隸臨榆人附貢生署
九年	孫堪直隸清苑人咸豐丙辰進士	陳寶廉直隸靜海人舉人	張紹庚奉天承德人附貢生署

十年			杜學瀛浙江山陰人署
十一年	覺羅同勳滿洲正藍旗人 孫堪見前再任		秦朝奉見前再署
十二年	覺羅同勳見前再任		李東春山東歷城人署 杜學瀛見前是年任
十三年	孫堪見前回任	呂廷翰順天房山人舉人署 周德至順天涿州人進士	
十五年			王權直隸甯河人廩生署 杜學瀛見前回任
十六年	覺羅同勳見前回任		王權見前再署

	十七年	十八年	十九年	二十年	
趙宗翰見前分巡道代理　王鳴珂順天寶坻人舉人	覺羅同勳見前回任　王鳴珂見前回任	文韞見前分巡道署	葉聯甲湖北大冶人署　謝汝欽貴州仁懷人選拔貢生署	趙宗翰見前	貟啟章陝西華陰人附貢生以同知署
			楊庚辰直隸邢臺人己丑科進士		
	田耕畬直隸盧龍人			鄭國僑奉天廣甯人署	吳茂書江蘇揚州人

二十一年　鄂齡滿洲正黃旗人廕生

劉鳳儀直隸饒陽人舉人是年兼署

伊通州	嘉慶九年	二十五年	道光二年	
知州初曰伊通河巡檢	張雲鵬直隸灤州人任巡檢	吳介禧順天宛平人任巡檢	胡承先□□□□人任巡檢	李瑛浙江山陰
訓導				
吏目設州以巡檢改				
外委伊通州				
州同駐磨盤山光緒十四年設				
外委磨盤山光緒十四年增設				

吉林通志卷六十七　九

年	姓名
	人任巡檢
五年	張永溶 直隸遵化州人任巡檢
六年	賀選 直隸清苑人任巡檢
十三年	汪治 順天大興人任巡檢
十六年	郭景義 直隸天津人任巡檢
十七年	汪治 見前再任

年	巡檢
十九年	托精阿□□□□旗人署巡檢
	郭景義前見再任
三十年	張釗順天大興人任巡檢
咸豐元年	戈煜直隸獻縣人任巡檢
同治四年	常筠蒙古正黃

年份	巡檢
	旗八任巡檢
	張光泰 順天 口口人任巡檢
十二年	王長茂 浙江 上虞人任巡檢
光緒三年	秦朝奉 見前 吉林府經歷任巡檢
七年	高曾蔭 直隸 南皮人任巡檢
八年	秦朝奉 見前
	趙椿齡 直隸
	郝恩溥 直隸
	周衍昌 安徽

	九年	十年	十一年
二月回任 彭明道湖北來鳳人選拔貢生是年改知州署任	員啟章陝西華陰人附貢生署	王端啟順天大興人署	
撫甯人舉人			
天津人署	文霖滿洲正藍旗人署		
亳州人			孫富貴山東德州人

吉林通志卷六十七　十二

十二年	十三年	十四年	十五年
姚景星見下以州吏目護理	劉調元四川新都人辛未進士署 貟啓章見前再署	貟啓章見前是年任	姚景星見下再護理
姚景星山東榮城人			
	陳景瀛直隸景州人		
		王育樞順天寶坻人署	長庚蒙古正白旗人署
		侯元慶長春府人	朱成泰直隸滄州人

	十六年	十七年	十八年
謝汝欽見前　吉林府署	彭明道見前　是年任		張渭直隸薊州人乙亥舉人
		彭明道見上　兼理　華珍直隸天津人歲貢生	
			唱維翰奉天錦州人署
		蕭起發直隸天津人	
		竇印芳河南信陽州人廩貢生	

二十一年	二十年	十九年
杜學瀛見前吉林府經歷署	書瑞見前是年任	書瑞滿洲正黃旗人人 劉釗申奉天蓋平人舉人署
		崔冠卿直隸武強人舉人
李洞順天寶坻人		
		長庚見前是年任

敦化縣

	光緒七年	八年	九年	十一年	十三年
知縣光緒七年設	趙敦誠山東萊陽人署			劉調元見前伊通州署兼理南岡縣丞	書瑞見前伊通州署
訓導		解延慶見前吉林府兼理吉林府教授			
巡檢初日南岡縣丞設縣南岡隸琿春裁改巡檢		李雲鵬順天大興人任縣丞	趙敦誠見上兼理縣丞	劉調元見上兼理 王育樞見前伊通州署	徐國棟江蘇吳縣人署
外委	張正基山東蒙陰人				

			徐兆松順天宛平人署
十三年		書瑞見上是年兼理	趙亘楷直隸承德府人署
十四年		崔承三直隸清苑人舉人	
十五年	劉調元見前是年任		孫瑨順天通州人代理
十六年	杜學瀛浙江山陰人署		田耕畬見前吉林府經歷署
十八年	書瑞見前再署	張毓英直隸深州人	張錫麟順天武清人
十九年	朱材濟順天大興人舉		

	二十年	二十一年
人以同知署	白希李直隸豐潤人舉人	廉瑞滿洲鑲藍旗人附貢生以同知署
	張毓森安徽桐城人署	孫瑨見前署

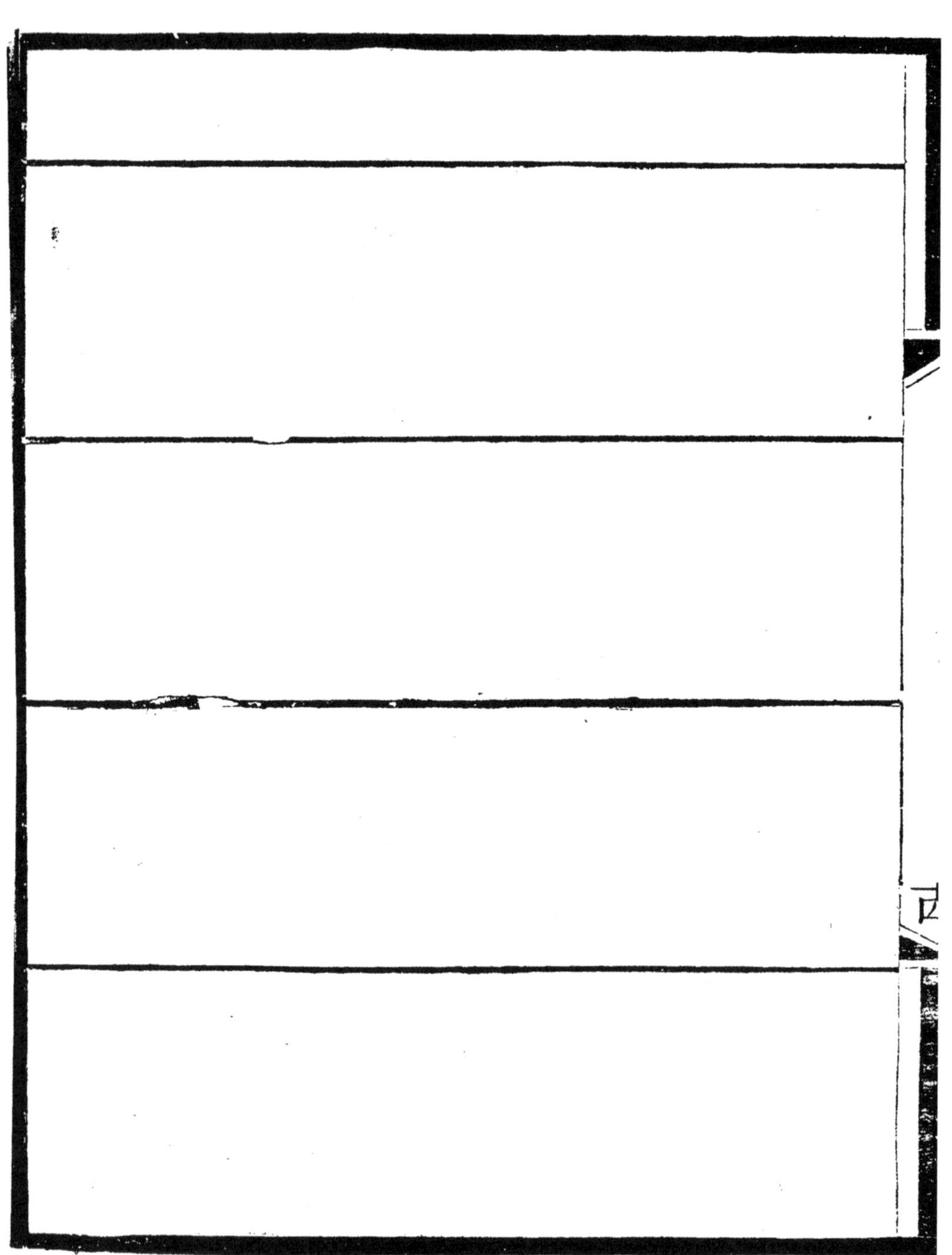

長春府	嘉慶六年	十二年	十三年
知府 府由理事通判改撫民通判陞	六雅圖 蒙古鑲黃旗人任通判	阿成 滿洲正藍旗人任通判	
教授 初曰訓導陞府改教授			
經歷 以巡檢兼司獄改	潘玉振 □□□人任巡檢		吳介喜 順天宛平人任巡檢
照磨 初曰分防農安照磨改駐農安城尋改縣治移駐靠山屯改設朱家城子			

十六年	二十一年	二十二年	二十五年	道光四年	七年
六雅圖見前再任通判	福納滿洲鑲黃旗人任通判		那靈泰滿洲正白旗人任通判	常喜滿洲正紅旗人任通判	達慶□□□□旗人任通判
		周鎮□□□□人任巡檢		張家婺□□□□□人任巡檢	

年			
九年	博爾豁□□□□旗人署通判 那靈泰見前再任通判		
十二年	禧渻□□□□旗人任通判		
十七年	慶年□□□□旗人任通判		
十八年			郭景義直隸天津人任巡檢
十九年	福恩□□□□旗人署通		錢德堃□□□□人任

判

常山 滿洲鑲白旗人署通判

慶年 再任通判由道光二十年至光緒四年任人無考

光緒五年

長青 滿洲鑲黃旗人任通判

善慶 滿洲正白旗人進士署通判

六年

巡檢由道光二十年至光緒五年任人無考

莊以臨 順天昌平州人

年			
七年	王紹元直隸臨榆八附貢生署通判		任巡檢
八年	孫堪見前吉林府署通判		秦朝奉見前吉林府經歷署巡檢
九年	雙全滿洲鑲黃旗八署通判 李金鏞見吉林府署通判	王迎壽順天寶坻八任年未詳任訓導	
十年			莊以臨見前再任巡檢

吉林通志卷六十七　七

十二年	毓斌滿洲鑲藍旗人繙譯舉人署		
十三年	善慶見前再任通判	趙椿齡直隸撫甯人舉人是年以伊通州訓導兼署 解蔭桐直隸慶雲人任訓導十五年陞教授	
十五年	覺羅同勳見前吉林府是年陞知府		張紹庚奉天承德人是年陞經歷
十七年	文韞滿洲正黃旗人署 覺羅同勳見前再任	李喬年直隸保定人	

十八年	十九年	二十年	二十一年	二十二年
王鳴珂順天寶坻人舉人署 文韞見前是年任		楊同桂順天通州人署		懷輔內務府鑲黃旗漢軍人署
王權順天甯河人廩生署	謝鎗貴州仁懷人附生署			
劉元凱直隸滄州人署		徐啟經直隸樂亭人署	唐德保江蘇揚州人署	張熙直隸樂亭人署

農安縣

	知縣初曰分防農安照磨光緒十五年設縣	訓導	巡檢
光緒七年			周炳南浙江山陰人
九年			莊以臨順天昌平州人署
十二年			文霦滿洲正藍旗人署
十五年	黎尹融貴州遵義人庚辰進士	孫萬鍾直隸清苑人舉人	唱維翰奉天錦州人署
十七年	張渭直隸薊州人舉人署		得成直隸樂亭人署
十八年	黎尹融見前是年回任		劉元凱直隸滄州人附貢生
二十年	恆謙滿洲正紅旗人舉人署		劉銘蘂山東福山人署

二十一年

章鴻錫山東□□人寄籍順天大興

楊維垣伊通州人恩貢生署

伯都訥廳	雍正五年	八年	九年
同知初曰長甯縣治伯都訥城隸奉天旣裁歸永吉州設蒙古委署主事年尋改光緒口年移治孤榆樹改設分防巡檢於伯都訥城	貢以成陝西咸陽人舉人任知縣	郭涵江南揚州人任知縣	
訓導初長甯縣學以永吉州學正兼理訓導設自光緒初			
巡檢增設			
分防巡檢伯都訥城初設長甯縣典史旋裁尋設巡檢	陶泰正順天宛平人任典史	劉儼陝西臨潼人任典史	褚雲生河南偃師人任

				典史
十二年		王正見前吉林府以永吉州學正兼理		陳格順天人任典史按乾隆十二年設巡檢由乾隆十二年至嘉慶十五年職名無考
十三年	覃澤深山西臨汾人舉人任知縣			
乾隆二十六年	富甯□□□□□旗人任主事			
三十年	烏敏□□□□□旗人任主事			

年	人
三十三年	拉普塔□□□□旗人任主事
三十七年	霍明阿□□□□旗人任主事
四十年	索諾木扎瑪蘇□□□□旗人任主事
四十三年	仲奇□□□□旗人任主事
四十七年	全保□□□□旗人任主事

年份	人員
五十年	常興□□□□旗人任主事
五十三年	揚海□□□□旗人任主事
五十七年	佈彥圖□□□□□旗人任主事
嘉慶元年	寶帛□□□□旗人任主事
四年	六雅圖蒙古鑲黃旗人任主事

年	上欄	中欄	下欄一	下欄二
五年	吉珠罕□□□□旗人任主事			
九年	德克精額□□□□旗人任主事			
十二年	凌海□□□□旗人任主事			
十六年	慶臣□□□□旗人		譚仁溥□□□□人	茅鎮□□□□人
十□年	施蒙額□□□□旗人			
二十二年	富甯阿□□□□旗人			
二十四年			易開泰□□□□人	

吉林通志卷六十七 三

道光元年	文慶□□□□旗人			
四年				左宜□□□□人
五年	松奎□□□□旗人			
十一年	博爾豁□□□□□旗人		張永溶見前伊通州	張河□□□□人
				左宜再任
十五年				張和□□□□人
十八年	長阿□□□□旗人署			
十九年	年常阿□□□□□旗人			
	恩福□□□□旗人			
二十四年	慶福□□□□旗人			

年份				
二十五年			張河再任	
二十六年			張永濬見前再任	
二十九年			席鼐□□□□人	左宜三任
三十年	成祥□□□□旗人			
咸豐三年	成慶□□□□旗人			
四年	阿昌阿滿洲正黃旗人			
	筆帖式署			
五年				劉時泉□□□□人
六年			常鈞蒙古正黃旗人	
九年	崇連□□□□旗人			

同治元年			董慈蔭江蘇人	
四年	安榮滿洲鑲黃旗人筆帖式			
六年	傅霖□□□□旗人		常鈞見前再任	張清源□□□□人
十年	恩禧蒙古正藍旗人 安永□□□□旗人			翟謙□□□□人 高會蔭直隸南皮人
光緒二年			董慈蔭見前再任	秦朝奉見前吉林府經歷署
三年			孟昭培順天宛平人署	吳衍慶見前吉林府署
四年				孟昭培見上署

年				
五年			莊以臨見前農安縣巡檢署	曹汝湘見上署
六年			曹汝湘四川萬年人署	
口年				孟昭培見上是年任
八年	邵守正福建閩縣人舉八署			
九年	邵守正見前是年任 覺羅同勳見前吉林府是年署			
十年			趙艮楷直隸承德府人	

	一	二	三	四
			署	
十年	善慶見前長春府是年署			
十二年	玉衡滿洲鑲紅旗人署 曹廷楨四川大邑人選拔貢生署		繆誦芬安徽合肥人署 秦朝奉見前署	繆誦芬安徽合肥人署 秦朝奉見上任
十三年		楊維垣見前農安縣訓導署		
十四年	孫逢源浙江歸安人署			
十五年	雙全滿洲鑲黃旗人	呂廷翰見前吉林府教授		王育樞見前伊通州

年			
十六年	郭錫銘 內務府漢軍鑲黃旗人舉人是年代理 孫逢源 見前署 謝汝欽 見前吉林府是年署		
十七年	雙全 見前再任		李冠瀛 順天宛平人是年任
十九年	貟啟章 陝西華陰人附貢生是年代理 懷輔 內務府漢軍鑲黃旗		

	二十年	二十一年	二十二年
八署	李鶴亭漢軍正紅旗人丙子進士		
		張煕見前由朱家城照磨調署	
	郭家樹順天宛平人署	趙仙瀛見前署	郭家樹是年任

賓州廳	光緒七年	八年	九年
同知	王紹元見前長春府是年署	李增光直隸西甯人選拔貢生署	
教諭	邢樹滐順天大城人舉人		
巡檢		高曾蔭直隸南皮人署	杜鑑田浙江會稽人署
外委	劉魁元直隸玉田人		
分防巡檢駐瑪珽河	張紹庚見前吉林府是年署	徐兆松見前敦化縣巡檢是年署 張紹庚見前再署	盛文瀚浙江山陰人署

年					
十年				馬興雲順天武清人代理	
十一年	毓斌見前長春府是年署				吳衍慶見前伯都訥城是年署
十二年	善慶見前長春府是年署			翟慶章直隸天津人	
十三年	善慶見前是年任 玉衡滿洲鑲紅旗人署		林壽祺奉天錦縣人		
十四年	黎尹融見前農安	趙韞輝吉林府人			劉元凱直隸滄州

	十五年	十六年	十七年	十八年
縣是年署	王鳴珂見前吉林府是年署	趙宗翰見前吉林府是年署		曹廷楨見前伯都
歲貢生楊維垣見前伯都訥廳	許善昌順天舉人			
	郭家樹順天宛平人			
人				
			舒和祥四川華陽人	

	十九年	二十年	二十一年
訥廳 吳瞻菁安徽涇縣人舉人署	謝汝欽見前吉林府		
	徐兆松見前敦化縣是年署	卞調元山東樂陵人增生署	沈傳榕見前署
	顧佩蘭安徽壽州人都司銜守備署		
			李冠瀛順天宛平人署

五常廳	光緒七年	八年	
同知光緒七年設	銑斌見前長春府是年署		
教諭光緒七年設		張箴順天文安人辛酉舉人	
巡檢光緒八年設		繆誦芬安徽合肥人署	
外委	張鳳雲直隸人任		
分防經歷駐山河屯光緒十二年設			
分防巡檢駐蘭彩橋光緒八年設		李雲鵬順天大興人署	盛文瀚見前賓州廳是年署

九年	十年	十一年	十二年
	胡傳安徽績溪人歲貢生		
			杜學瀛見前吉林府經歷是年署
張國祥直隸天津人			
			張紹庚見前長春府是年署
孟桂雲直隸遵化州人署		郭家樹見前伯都訥廳是年署 林壽祺見前賓州廳是年署	

十三年	十四年	十五年
	謝汝欽見前是年署	郭錫銘見前伯都訥廳 彭明道見前伊通州是年署
魏紋直隸內邱人壬子舉人		
	林雲陞山東棲霞人 徐兆松見前署	
		張炳奎順天霸州人
徐國棟見前敦化縣是年署	林壽祺見前賓州廳	
盛文瀚見前再任	李東春山東歷城人署	

十六年	十七年
李鶴亭漢軍正紅旗人丙子進士 彭明道見前再任 劉調元見前敦化縣是年署	玉堃漢軍正藍旗人筆帖式署
	楊維垣見前伯都訥廳是年署
沈傳溶浙江山陰人署	徐兆松見前再署 楊嵩山直隸盧龍人
	盛文瀚見前賓州廳是年署
郝增禧奉天錦縣人 張錫麟順天武清人	沈傳溶見上

十八年	二十年	二十一年
郭錫銘前見　是年回任	章鴻錫前見　農安縣是年署	劉調元前見　是年任
李夢松順天舉人　劉鳳儀前見		
舒和祥前見　賓州廳是年署		
唐德保江蘇揚州人署　竇印芳前見　磨盤山州同		
	孟桂雲直隸遵化州人署	

雙城廳	光緒八年	九年
通判初理事通判尋改撫民通判	陳治見前吉林府是年署 覺羅同勳見前署	陳治見前再署 書瑞見前伊通州是年署
訓導光緒八年設		呂廷翰見前署
巡檢兼司獄	王百慶奉天承德人署	李雲鵬順天大興人兼署 王百慶見前再署
外委	王誠鳳直隸東安人署	
分防巡檢駐拉林光緒八年設	趙國熙直隸天津人署	李雲鵬見上 趙國熙見前再署

	十年	十一年	十二年	十三年
雙全見前代理	郭錫銘見前署	趙敦誠見前署	玉衡滿洲鑲紅旗人署	劉調元見前是年署
		馮兆吉直隸懷安人歲貢生		
姚景星見前是年署			李雲鵬見前再署 劉元凱直隸滄州人署	
			王誠永直隸東安人	
				劉元凱見前兼署 王育樞見前署

十四年	十五年	十六年	十七年
	玉衡見前是年任	張紹庚奉天承德人附貢生是年護理 曹廷楨見前署	孫逢源浙江歸安人
			孫逢源見上兼理
劉調元見前兼署 吳衍慶見前署	林雲陞山東棲霞人署 張紹庚見前署	趙仙瀛見前署 林雲陞見前再署	
徐國棟見前			

十八年	十九年	二十一年
	趙順直隸河間人廕生	吳廷珍順天昌平州人拔貢生是年署二十二年授
馬保臣漢軍正白旗人舉人		
		徐兆松見前署
孫瑨順天通州人署 曹汝湘四川萬年人		唱維翰見前署